川合大祐

ザ・ブック・オブ・ザ・リバー

THE BOOK OF THE RIVER

書肆侃侃房

目次

第一章　モルグ街の殺人　3
第二章　父が消えた　23
第三章　森の生活　43
第四章　失踪日記　63
第五章　言葉と物　81
第六章　われ逝くもののごとく　103
第七章　非現実の王国で　119
第八章　重力と恩寵　143
第九章　櫻の園　159
第十章　時間　179

第十一章　S,M,L,XL　199
第十二章　天井桟敷の人々　219
第十三章　燃える世界　237
第十四章　バベルの図書館　255
第十五章　ディコンストラクション　273
第十六章　襞　293
第十七章　森の生活　313
あとがき　332
出典　334

第一章　モルグ街の殺人

げんに独創性というのはたえず空想的なもので、真に優れた想像力というのは分析的なものにほかならないということが、やがて判明するだろう。

――E・A・ポー「モルグ街の殺人」

フーダニットの針が挿さってゆく水風船
黄金比もなくいちめんの襖
犯行予告書の音韻をしらべ
現場不在証明されるなか螺子のない家
祖父のアストラル体にぬかずくまで
純血の従姉妹に黴
思考機械の老いてゆく旅　氷山

探偵の履歴午前零時の鐘
目玉焼きに突き立てるパトリオット
一望監視どの出目金魚も死んで居り
密室惑星やぶにらみのにらみ
近親交配の偽パンチカード
蝶蝶チョムスキーの血にまみれ
変装して祖母の衣ずれ

カート・コバーン銃器店の革袋
復員兵がどもりゆく頌歌
病院船と分身する兄
河馬をつぎはぎする石鹸嗜好者　闇
くらやみを遺伝子をおとす
音波みたされて章魚を飼う義姉
解剖台ビスケットＧＯ！　ＧＯ！　ＧＯ！

謎　阿房列車に血小板のとめどなく
水晶体をみせにくる早世の妹
ゲルをもとめる轟家の竈馬
行司仆れじぶんの穿くずぼん
ついにパントマイムの探偵が眠る
酒場の牛の涎　悪魔学
霊的えくすたしいにダンゴ虫の群れ

無言人形朝焼けをかきむしる室

クロロホルムを煮る弟なのかもしれず

削除して牛乳時代

死者があんこというあんこを遺すひとつ

豚テキの壺中天に血まみれの父

母　　　　　ながい空白

一族が絶えて虎丸のおかず

抱いてくれ鶏の首が折れていた

秋暮るる恐龍模型熔かされて

神鳴山古墳副葬のドッペルゲンガー

卵生と胎生の友がもう居ない

熱気球堕ちずトリック芸者

蹴られている殴られている現の温泉郷

滅罪蹌踉たる足どりに芋嵐

鍵のかかる部屋鸚哥はすでにころした
ブックマーク酋長がわらわら集ってくる
アリクイを孫引く朝の犯行現場
芒折りてインナーマザーのハラキリ
まずしく泡立草に土左衛門
猿山の炎に天と地のしじま
廃藩の世界に梅沢富美男

廃藩してから黒猫白猫とのわかれ
逮捕の日イルミナティの粘土
空白無にあらず煙突さらに煙突
おのれのゲーデルにおのれのための正気
百目鬼さんのシャツに無惨絵の剝げて
楕円と楕円ミソジニィのわっぱと乱破
殺人鬼のかぼちゃをけさも磨く

海底都市にきのこ捜査せず

牙がはえてくるただ単にプランター

豚小間肉に肌色を塗るナオキ

刑法学麦酒母猫のめざめる家に

犀のポーズを裁くテレビ東京への長い道

偽証の彼らに新蕎麦のひりつき

結審さぞ十一月の泉

つぐないのふとんにひらがなをかく
消える　あんパン以上の罰罰かかえて
アダム伝ひらくお前の罪の代わりに
罪に名などあるものかガンマナイフ
懺悔録のシンメトリカル犬小舎を建て
ピンナップ双生児とおなじ窒素吸う
たとえば小堺一機。を催眠の王として

罪責感なきサキソフォンをのがれる
罪の意識が割れた時計盤
絵文字荊冠伝ユングたわみ
薄情の劇画家にグリーンベレー
なぜあんなことをしたのだろう文字起こす
蟹の手のメディア化粧されて罪人
りら荘のリンボーダンス涙せよ

仏陀をころせハイヒール磨く
まちがもえてゆくわたしの拘束衣
善も悪もめぐりシティ・ポップの人びと
ボブ・ディランの赦すはずもなく
便所はさむくのび太のビスケット
ドラえもんを壊してきた病理の理
園内空港のハスキーヴォイスにて判決

血糊を髪型にあらわす
かき消えるコモン・センスうどん畑焼く
林檎をうしなって無限人羽織
はるばると処刑場ふるい酒をのむ
犀の滝をおちてゆく囚人服
刺青されてストップウォッチ
地球にひとつの月齢おれが滅びても

宗教家の芋けんぴ破獄などしない
いとこ煮のわたしが死んでよかったの
煙草の花に二〇〇一年辺獄篇
繭に入る昼の儀式
具体を言うと爪きりのさなか
兎像が壊されて冬のはじまり
飛行船のはじけて誰もかれも豚カツ

贖罪の志村けんに性欲がまじる
さいなむ手でひらく書肆天上堂の扉
亀を飼った振り子吊るされたまま
悪魔の星のソフトクリームをうばいとれ
センス・オブ・ワンダー頚の猫
冬の葬列がブザーだけである
パンダに墓碑銘があるものを　あるものを

犯してがんばれタブチくんの時間
殯というドクター・ノオの終わり
書痴の筈もなくただ単にグリップ
新喜劇に視えない星をたしかめる
国家音もなく崩れににんにくシチュー
パラダイスもうずっと犬が蹤いてくる
真冬がちかい筆順と筆算をくらべる

燃えあがる木になにも棄てられないおまえ
死火山地帯ぬいぐるみをぬぐ
ヨーグルトを垂らして老いてゆけたのか
骨頂のパチンコ球いつまでも陽は沈む
パパとママの鶏姦に朝陽のあたる家
借り物の言葉にミッシェルがつきまとう
連珠自己暗示をしぼりきり

ハン・ソロの地名に埋まるされこうべ

さぼてんを枯らす誰が誰をまじわらす

橋のかなたに透明少女ブートキャンプ

真犯人の名まえを定型句に書きつづけ

きちがいの句　炒飯をかぞえる

パラパラ漫画の神聖家族に雪

神の名に耳をちぎれ

第二章　父が消えた

私たちはそういうさまざまな時間や意味を含んだ物品類を、端から一つ一つ整理していった。棄てなければならないものがたくさんあった。

――尾辻克彦「父が消えた」

父を成す言語野に雪ふりつづけ

実名の父につながる植樹祭

聖母子の円盤投げがまだつづく

兎唇の姉の休日ながかりし

「星」という私小説書く兄を蹴る

頬傷のあるいもうとの誕生日

実弟の恐怖映画に鯨尺

コブラ飼う木曾街道がやりづらい
犬の名をしらべていると錐にあう
ふすま粉のパラドックスをはさむ姉
蕪すてて妖怪屋敷くずれたり
よだれかけ父をも超える父の群れ
病み垢にまわりつづけるフラフープ
灘中に父のアイアン・クローかけ

図の兄ににんにく図鑑貸してより
海胆をみたこともなく背に号彫られ
靴ひもをおもいだすたび湯がまずい
釘をのむ母なるものへなわばしご
母が娘がチキンナゲット産む美濃屋
チャネラーの兄を蒲田に置いておく
真景に海老がたっするまで念波

偽バレーボールのせいで雹がふる
潮汁こぼれファースト・コンタクト
野うさぎに名づけをしあう二廃人
ラッパーのつねづねおもう離乳食
えいえんに蓋なきジャムを念写する
ひとつしか意味とおらざる小林家
神の名をしらべるときに牛の母

水漬けがサブリミナルにさざめいて
代書屋のかぎりに宇宙開発詩
南へ　と武装解除の祖父が言う
かねてつの意味をかんがえぬく虚人
タロとジロ母の歌舞伎をついに視ず
ファミチキを奪ったままの父帰る
夏至もまたミトコンドリア・イヴの痕

金魚鉢母国ほろんでゆく団地
父ならずレストア写真やぶきつつ
父権論ひとりのパンチドランカー
マコンドの象形拳をやりなおす
ゴールデン・ガールも消えた禁足地
野良パックマンを脳病むひとが飼う
祖母死んでジョージ・オーウェル展をでる

にんげんをみたい鼓を張りかえる
非重力胎児と胎児ゆびずもう
都々逸をよまず空白恐怖症
トラウマの指人形を父にみせ
水菓子の工場という或る呪文
幼年期もろとも終わるあたま山
ムーミンをあらわしている歩兵隊

先生のさきにうまれる不死の蝶
水芸にしくじっているペンネーム
社務所からはがされてゆくママとパパ
骨川が蚊の構造を書いてきた
ちちははに名づけをされるいなり寿司
色界にネオテニーする盆踊り
ふた親がかわりばんこにみる死犬

裏兄が社会派推理小説家
のべ棒に祖父の名つけるレンズマン
蛾をふんで妹にあう長野県
父おやに「4ね」と言われるアロハシャツ
岩塩を持ちあげ妻の部屋へゆく
口唇期キューブリックの忌のひるま
ルイージに原罪ありやわかめふえ

狩人のさまよう街に葱姉妹
避妊具を放哉記念館に買う
義母にあうストーンヘンジ崩れおち
自慰終えてうわーと夜に摑まれる
溺れ谷から祖父の名をみちびきぬ
畢審に妻がコブラを持ってゆく
佐佐木家のデンセンマンを煮つめれば

われ老いて人魚の国に人魚鉢

泣きながらあらゆる部屋に土井たか子

老ゆるとき芹澤鴨のさかまつげ

子と父に父と子にふる春の雪

鳥葬の動画ながれて鸚鵡飼う

神童と神童であう薬子展

ハレの日にジャコメッティを踊る父

蠅生る父のふえない大家族
氷沼家が独唱される弁当屋
熱血の寿司かざられるよそのうち
字義に沿う或る終末のおまへたち
真核をサミュエル・ホイのくりかえす
鐵の字をこわがるあにといもうとと
マタニティ・ドレスに大蛇縫いこまれ

魔女っ子のバギーこわれる夏近し
函数をテルミン姉妹つたえあう
伯父さんの絵文字消されるジェイン・エア
迷宮の石段がない泡坂家
サイレント映画に兄の油ぎり
箸ビルに分骨という生者の語
「寒天」と題されている父の雅歌

弟のごぼうを洗うサイボーグ
かまぼこをまっすぐ立てる超妊婦
父と子が犀の便器の前に立つ
ベンサムの愚父が殴っているめんこ
美しい星のこれこそわたしの蚊
目をひらくコンビナートの麗子像
野生児のまえにリカちゃん一家置く

父の名を父に返してはくちょう座
たらちねの原子心母の牛に雪
ＢＥＭを描く胎内記憶すべて捨て
隕石の命名法をめぐる父子
孵卵器を地球最後の男撫ぜ
姉の墓あばいて雪の解けるおと
妹と母と父とが豚を撃つ

ドミトリイ・カラマーゾフの闇の鍋

並行の野比家断絶するみそか

母子像をギターで殴る松の内

×××をパンダ氏と読む姉と姉

筒井康隆がまともに死んでいる

祖父母父母死ね死ね団を演じけり

落柿舎の扮装をした父さがす

隻腕の彫り師ふたりが祖母を彫る
鶏と父がまいにち消えている
脱臼をあそぶトーマス・マンの孫
雪やんで時間ぎらいの父が居る
紙たばこ刻んでヴァギナ・デンタータ
蔑称に祖父母のつかうジェフ・ベック
《種の起源》寮にのこして乳を吸う

シルバニア・ファミリー餓えてくじを引く

第三章　森の生活

わが内なる生命は川の水の如きものである。今年、その川は、かつてなかったほど水嵩を増し、乾ききった台地に氾濫するかもしれない。

——H・D・ソロー『森の生活』

電柱をみつめるインド哲学者
エレファント・マンの夢みる江戸しぐさ
三宅島幹事がスロースターター
落盤のあとから白湯がおもしろい
触角のないひとたちのボウリング
三階が二階の時を幻聴す
アメリカン・エキスプレスの桐の花

ぽろぽろと亀をひらいてしまうなり
カナディアン菩薩いちにち終わりけり
またたびがそこから独楽に似ていない
ポン酢など無かった鯱の村の医者
星の子が二毛作する巨篇劇
獣神のずっとはちみつプレイかな
鉄下駄をためし買いする雨の日々

厭な世に煎餅というものを買う

蟹の家マスターキーを熔かしつつ

煮カツ煮ておれのただしく死ぬすがた

焼畑にあたまのわるい句を書いて

ごんずいを刺す少子化の子どもたち

SMの乱数表をもらうひと

パリ五輪妻の想像妊娠後

キャピタルに章魚の死なない象徴句
軍隊の隠語ばかりでハム焼ける
セッションのあいだ赫奕たる釦
筆順を書きたしている昼のうた
性欲が聖子の部屋であるかぎり
手毬唄以外のコギト・エルゴ・スム
分泌がとまればやっと河馬にあう

信長を踊って妻にたどりつく
暴論をすすめて貝のしわのばし
ケ枯れしてもめんどうふを与えよう
加害者のほろほろ鳥をはなし飼う
意識もつものがひっぱるペッサリー
唯我論だが蒸しやきの蝶を積む
義和団のヨードそのもののみさだめて

亜種ふえて水天宮にしずむ河馬
妻さがす昭和電機の陽に灼けて
うつくしいひとのもぐらを釣る仕事
恋びととチグリス河にうきしずむ
実戦に牛を冷やしているあいだ
上野毛をさがすミニマルミュージシャン
画具すてて鬼教官の蟇股

吾をのろえ安孫子素雄のまんだら屋
厠から犀よ犀よとさけび声
旧友が味噌じゃがいもに死んで居る
寄生虫館へひとりであゆむ妻
ロボットの劇に再現する寝ぐせ
がきデカが祈る海棲哺乳類
ピータンにただ泣き臥している螺子屋

主義者らがとなりのダンボ貸しにくる

僭主からグルメ漫画の帯を盗る

ゆうばりをゾンビの仮名で書く残暑

かびチーズ召すひとに愚は聖なるか

序二段に象徴詩人まぎれ込む

脳天のはるかなうえに皿まわし

旋盤を吹替版にみるかぎり

とん平が自転車盗みぬく砂絵
闇に入り豆腐にふれるカーボーイ
あたおかの棋士の群像仮面劇
パクツイの血小板をみあやまる
盲信の家の厠に笑いごえ
にしん屋の親爺がシュールボクシング
体感の夏に美神のうでたまご

マルクスの思惟の限りに豚カレー
享楽の都市に圓楽仮面消ゆ
ネオナチの漫画喫茶のひらきかた
わたくしも宇宙のひとつ二郎系
えぼ鯛の手話やりなおす家畜人
「つくづく」の音素かぞえるらくだの忌
ラポールを週刊眼鏡誌ときずく

新しい人よ眼ざめよ怪魚展

病み垢のインキこぼれてゆく未明

わかれにて候地球上地球

赤狩りにコメットさんの煮る水母

饅頭にジーンズメイト以後のうた

さるぼぼが知能検査にならび立つ

菩薩との口臭かわす生身劇

ピクニックびよりに呪具の重いこと
ヨドバ氏が秘仏の前を後じさる
鳥瞰に旧たまねぎが割れている
猿を撃つ仏字新聞たたみつつ
運痴らの朗読劇にくさりがま
抜歯するはずの蜷川新右衛門
屍姦したはずの粘土をもってくる

象亀の声紋をとる京都人
船団にビックリマンの脳うかぶ
儒艮死すさくらさくらにうつしあい
徒歩旅行うかつに石の名をつける
禅僧のなかからひびく解氷期
眼鏡屋を赤毛のアンが掘りおこす
バタやんを狙う幾つの麻酔銃

療法にスター・ウォーズの春の鍋
島民が獄門島の西を向く
現在の架空の国のねぎばたけ
星の書にヤコペッティの伝記入れ
美しい星に老人偽名書く
イカ天の春の画像がみんなうそ
幸福の王子のタトゥーシール剝ぐ

白人の走者一掃する歌舞伎
知の人の納豆巻がたちならぶ
スタンドが花田虎上をとりまいて
おかもちにスポイト容れて永い春
長介が溶ける変身ものがたり
キャラクターソングのなかの維摩経
ゴールデン太郎の家の髭抜機

ドサ健と奨学生の同時の死
オカルトの球団に吸盤を貼る
きりもなく後醍醐帝がなげる餅
あかく塗る源静香らのさなぎ
夏を待つ遺伝子図鑑みくらべて
ブラジルの川端像をはりあわせ
ひとり着るネバーランドの拘束衣

鰻屋をひかりのくににつれてゆく
ふくれつら地球は馬糞海胆の星
聞か猿のまわりに立っているかもい
ア太郎のマイムマイムがまだつづく
ガンダムに引用される卵酒
回文がつくれなかった日のもぐさ
人麻呂が解脱してゆくようかん屋

坂おりてレディス4の春寒し

第四章　失踪日記

雪だ…

――吾妻ひでお『失踪日記』

ナゲットをいつまでめぐる海の会
レジをうつ記憶同盟解散し
雪國のブドリの珪素生物誌
奉行所のウルトラマンの名を想え
レーザーのきりさく闇にヨイトマケ
薬莢が異常なひとのあまりりす
チョロQが金剛界にすててある

クラッシャージョウの酢飯を詰めなおす
ダルシムをつかって雨のつづきかな
犬ころがタカとユージのまえで死ぬ
与太郎の生死をめぐる変電所
しのびあいタイムボカンの犀をみて
人の世にはたらきかけるピーチ姫
わかもとをうしないつつも巨大茄子

ダスキンに荒れてちきゅうのながい午後
マリオ像ゆらぐことなく陥没地
連鶴にゾシマ長老かおりたつ
キキの名をわすれるための岩手県
サバンナにかかわりをもつ大五郎
ガチャピンがただただ搾る赤い牛
南朝のところどころにズーラシア

ドナルドにつねにかぶさる金閣寺
マンモスのほかのなにかが江東区
ガチャピンに追われて投げる目つぶし粉
大菩薩峠あやとりときほぐす
じゃじゃまるがくいちらかして池袋
浪曲のうる星やつに霜柱
意のままのネス湖を撮った龍安寺

バカボンの家庭句会をまきもどす
えぼ鯛を絶叫中の魯西亜人
『どん底』に北島マヤがタコス焼く
あじしおに還るモルガン・スタンレー
イトマンの正気にかえるのろし上げ
採尿にどですかでんを買いしめる
詩語にない佐佐木の蛇のかえしかた

街宣車から鉄郎が降りてくる
かたむいたデンセンマンの男坂
アヲハタのひるがえるなり寄席にでる
ジェイソンを舞い去ってゆく不死の蝶
市長派がベアナックルの街に朝
伯林にひとふでがきのバイトくん
やぶさかを発しつづけるオペラ歌手

聖油などそそぐアーバンチャンピオン
みづうみにいつまで映るキカイダー
ヒバゴンをはなち面堂終太郎
ゆうぐれに機械くれゆく野比カフカ
銭形の意識にもぐる水餃子
零時からロケット菩薩までを蒸す
仏門のチクタクマンが焼身し

獏を飼う現場にスタースクリーム
吉四六の讃歌にゆれるゆりかもめ
ちゃんぽんのｎ皿届くこどもの日
和音もてカナダの都市のかぞえうた
パタリロの遠い太鼓をみはなして
ねじ式に電波少年もがりして
水無月の古墳をかいているキリコ

詩文庫とノキアをくらべ闇の国
銀閣のアイコンをふむ世のみだれ
あせちれん・らんぷをばらす修行僧
あぶさんが分身しない絵巻物
変名をなくしたままのヒゲダンス
光景の現象学に（パジャママン）
音波なき宇宙刑事のししおどし

鹿の句を探偵団によむそぶり
ぼのぼのを過剰に摂ってオチがない
街にまく鍵暗号が寅次郎
文法がガダラの豚の巨人軍
宇宙から還るのび太の社会鍋
カネゴンの繭にて想う延喜式
くす玉をムー一族におくる詐欺

殉死くりかえす則巻博士邸
皮膚病んでフィンファンネルする豪雨
六道をとびぬけマリオブラザーズ
あながちと電車男が書いて冬
くじら肉つぎつぎくれる牛魔王
テスト氏のどっさりかかる地曳網
ささみ焼くジキルへハイド化しながら

晴明の象をここまでみ誤る
魚拓摺るアナキン・スカイウォーカー
御簾あげてどこまでジョセフ・ジョースター
外科医死しざわざわ森のがんこちゃん
ランボーのあおりいかから逃れ去る
アドルフに告ぐ老人のうわ歯ぐき
里見家にキャプションという魔の思考

鰯原郁恵妊娠中の禅
トム・ソーヤうつつにあらずかき氷
ゼリーふむ時から夏の犬神家
住友のホルスタインをつれて出る
どん兵衛を妄想中の塩の道
チョーさんが縮んでゆくよ新銀河
明智君豚テキにこの世をいかれ

カバヤ透きとおるアンダーグラウンド
細胞をひねもすかぞうスヌーピー
オバQが社会詠して消えてゆく
ゴダールの画面のそとにぐりとぐら
色即と是空がボケてツッコむ夜
明日はまじへと返される仏映画
秀忠の人魚がひとりぼっちの日

医科大にケンペーくんのラジオ鳴る
八月にケント・クラーク脳移植
弁慶が神にスイッチバックする
D坂をころがりおちるダーティペア
にわとりの公約数のまま眠る
寺を焼く軍人くんの私小説
言文が一致するなか数雄くる

座頭市倶楽部がくばるはなめがね
笑点を縛るスタニスラフスキー
頭痛して虚数時間のすもうとり
ねこぢるの裸の昼餉いま終わる
羊歯飾るフニャコフニャ夫の門ひらき
短調のまゆげ仮面のテーマ曲
オクトパス天文台という美文

味平にニューバランスの意味を問う

泣きぬれてヨーダの箱をよびよせる

都会人発想をするせんとりつ

Ｔ８０《テラヤマ》に集合をする８８７４５《ハハナシゴ》

団員を草壁メイとしてなぐる

麩がうかぶバラバラマンの美意識に

水戸藩のかくまで遠きコルサコフ

第五章　言葉と物

言語《ランガージュ》とは何か？　記号《シーニュ》とは何か？　世界のなかで、われわれの身振りのなかで、われわれの行為の描きだす謎めいた紋章全体のなかで、われわれの夢と病気のなかで、無言であるところのもの――そうしたものはすべてはたして語っているのか？

――M・フーコー『言葉と物』

柔道の世紀に揚がるバナナ海老
出雲大社のクッキーを敢えて煮る
イソップ寓話にずっと消える魔球
ガンダーラガンダーラお前が不免許医
きょうの日は六道輪廻マスカット切る
災いの都市にコーヒーゼリー塔　建たず
アンチ・オイディプスの旗色に鳩サブレ

清水港から仲本工事丸帆をかかげよ
猿のひろうチップに太郎次郎社の記憶なし
預言者のチーズバーガー商会に霧
鹿おどしのない宇宙へえいえんの身をやつす
三号棟にロイ・シャイダーが居る
偈をうつすイクチオステガの瞼
桶狭間にウェイトレスの道化

てふてふてふとチェ・ゲバラの甃
よろず屋の鉱床に鍋のない蓋ふたつ
鍋に蓋がない蓋に鍋がない無限推理
超論理推理小説界に明けの明星ふたつ
バラバラマンのエレキギター　海へ
前方後円墳にまじわる猿魔術
落城を告げるつげ義春のゴースト

天海僧正！　ひもは摂氏にありやなしや
レンタル家族に意味の意味を呼びかける
森進一が精米所から出てきた
セミヌードの水没都市
とどめに紫式部かさぶた式部のリビドー
相反する大黒屋光太夫
虎よ！　虎よ！　折れた鉄矢パイプ

イプシロンする仮名乞児
ランドマークの跡にどこまでふえるわかめ
剃毛の前後佐藤栄作のネクタイ
電池をふやす・ふやされる想像妊娠
フェルディナント先生の兵馬俑事典
記号と事件ピンクパンサーおにぎらず
ブラック・パンサー団の雨後にまずしい言素

言語学倫理学性科学サルノコシカケをめぐり
しずかな言葉で語ろう牛肉二百パーセント
捕食者飽和戦略京マチ子の夜
ベンザブロック以上に鰡をもってくる
このピザトーストの余語に朝の雨ふる
秋思ひとつ宇宙に膜のはちきれるばかり
桔梗屋の存在と時間を日記しませうか

ばってら棒を翻訳中のカルロス・ゴーン
ドンキーコングの丘に無性名詞を追う
フジ・ヤマにとどまっている川柳狂
軍人将棋やりなおしてここは良い便器だ
神の名にふれるボウガンのひとしきり
超男性のいかのおすし
ジャンピング・シューズ脱ぐ崖に秋の日々

北京の秋に蜘蛛をとらえる
いかにして眠る：ノヴァ急報
劣等の水鉄砲ひそませ東京漂流
宮城野親方のモンド映画のタイプライター
冷やし中華終わりませんでした遠未来小説
詩人は死ぬ桑畑三十郎
メメント・モリ多重露出のサック嵌め

人間臨終図鑑にツイ廃のヨーゼフ・K
タケモトピアノ卵塔場に焼くプリン
リゾーム漫画真田太平記
いまさらに童貞　牡蠣をあげようか
「何も彼もうしなう」海鞘をもってくる
アルトーの論理にひとをみつめすぎ

＊

宗教的情熱アワダチソウに野火
火遁の術サンバ小集会より帰る
旅人かえる風船怪獣のほころび
史書のほころびをジャムパンをさらに求め
求道のガールフレンド鋼鉄都市
エディプスの市というどこまでもが夕焼け
タニャンつづく狂院画帳やぶかれて

おきてがみをやぶく物理上の父母
ちちとははとの墨が墨のまままじわる
混線なおもつづくアグニの神
神は死なないチキンマックナゲット盗る正午
正午きてライナスの毛布湾へと流す
人形流すアルミの船に征露丸
征露丸をきざんではるかなる朝

朝のガスパール一本の楡残る
ざんこくベイビー何が酢豚を詩にするか
あの詩からこの死に京都立体視
心・技・体はパーセンテージの胃袋だろうか
笑い袋を書ききったところに全能の熊谷
レオナルド熊のチューインガムを狙い撃つ
狙撃兵かつグリーン・グリーン・ボーイ・ジョージ

ジョー樋口を抜く戦略シミュレーション
レーション馬鹿一代の巨きな牌
位牌同盟近親婚の屋敷にあつまる
集合写真からダイナマイト・キッド放浪記
流浪の民の越前水母をさらにみそなわす
なわとび悪人伝転向の黒ぱっち
黒色革命後にさがしている菊定食

菊の紋章を現象学的に貼りつけ
つけ鼻をうたう歌手に氷山がせまりくる
氷川神社の従軍記者が自慰をうったえる
自慰者あつめられスタルヒンの噺
噺家ごとに異なるデヴィッド・リンチの秋蚊とらえ
とらわれのビートきよしに遅い月
月天宮の人びと手もとあやうき千羽鶴

鶴堕ちて超能力諜報員禅を解く
禅譲のたびに虫喰いフルーツバスケット
ネコバス溺死せず愛は愛は飯島愛は
愛のさかあがり・よこたえる鰐
民話の鰐というちゃるめら
カメラマンの須恵器にフィリップ・ディックの名づけ
名古屋撃ちさせられてプロテインバー

プロテスタンティズムなるとを巻いてゆけ
絵巻ぱらいそに到るところで長いながい雨
雨の甲羅学しらしめている放物線
放物するとゆるやかな河の葬
葬列がつづくタイムマシンやがて難破
爆破犯とこの世をきりはなすはぐれ猫
猫だましされる脳を描きかえす

描点八、九個欠けて即詠する古本屋
古着買って風と木の詩の再構築
建築探偵のミスタードーナツ
ドーナツ・ブックス未完海イグアナに餌づけ
擬似餌カナエタマエの擬似三姉妹
姉妹都市へと運ばれる臭いくさい缶詰
ドラム缶をなおざりにしたが街にのろしがあがっている

ずっとのろしをみていた鼻行類の図鑑
時間図鑑をひらくときのイワン・カラマーゾフ
イワンの北枕結語にこぶなしらくだ
山梨の国にゲシュタポのランプ
爛丸がただただただただれきって十月はたそがれの国
国産みしてしまったボケ役のボケ
母系集団からマリオネットの糸のみじかさ

菌糸町加藤晴彦の夜さまよい歩く

歩兵の間尺に合わないので十回クイズ

スクイズ王がきまる壁のなかは秋深し

深層心理発表会によればヴェトナムはたけしです

キン消しのみずから消す世界物産展

展翅とは書かずさくらももこをなぞり書く

偽書を買ってきた兄ではない兄を兄と呼ぶ

魂を呼ぶ下北沢の平野に洩らさぬように
尿洩れシート界の大悲観音いませり
観音のうしろにディープ・パープルのかけら

第六章　われ逝くもののごとく

わかぜたちが薦を取って、じさまを敷かれた茣蓙に寝かせると、ばさまは曲がった腰で仏壇から香炉を取り出し、じさまの枕許に置いて線香を立てましたが、どうしようもなくなったように、突然笑いはじめました。

「ほ、これがじさまだか。小そうなって。ハハハハァ」

――森敦『われ逝くもののごとく』

長い夜アホ少年と地図を描く
坊っちゃんにπを教えたものの死よ
私小説一篇も無し大鶏舎
葬礼に鰐と斗うドラえもん
カンガルー屋の番頭の腹上死
複製の羊歯植物で隠す魔羅
鍋を投げウォルト・ディズニーひとりの死

アンテナのかぎりすなめり解きはなつ

レナードの夜に水引大事典

生と死とうずらの卵せめぎあう

死の家のコロッケそばをわすれるな

死と生の嘶のラジオつけぱなし

欲として柿食う客に転移する

悪神がちらばってゆく鶏ごはん

キョンシーの勃起をずっと説ききかせ
発狂　葱が長い
宇宙象鼻ばななながしボルヘス忌
文脈にながすくじらのペニス伐る
誤訳都市ひぐれマックス・ヴェーバー忌
塩柱ゆすぶり第二芸術家
犬ころときりはなされる輪転機

新木場のほろほろ鳥を自我とよぶ
阿僧祇のわれありにけりクーンの忌
アバターのはじめにあった詞書
みんな死ね画像文明堂に蝶
夏日ざし北京の秋にヨブを喚ぶ
セックスの意味をもらったらっこの死
ハイヒール渇仰者らの月旅行

綺譚にてらくだおとこの霊柩車
イメトレの流れる星は生きている
南極が二度とみえない椅子を呉れ
性的の意味で氷島われくずれ
天才の姦淫中に初氷
精液がでないヒルコの村抜けて
黒森に自己がひろがりゆく艶話

鳴き砂がこぼれるばかり左右脳
八戒の肉に因果の地平線
自瀆するおまえのためのげそ背負い
キャプテンの細胞なくす御前崎
やわらかく揚陸艇をでてゆこう
汽水湖をおよぎつかれるもぐらたち
献体がつづく山型パンの店

みたままの油淋鶏を樺にかく
春に死す鉄塊という詩にふれて
水葬が終わる探偵物語
寂聴と二人羽織りのサッカー部
出囃子の楽譜みせられ百回忌
ヨブの記を河馬公園にはりつける
こびと河馬ブローティガンの忌をふやす

淫夢みて象工場のながい午後
カウンター・カルチャーとして塩こうじ
奥村という説得を思いつく
断定をすると黄色い井戸である
梅雨おわり幼児語で言う大発作《グラン・マル》
ゆび溶けて恐龍論を書きあげる
シチュールーみたりきいたり死んでたり

隣人を傷つけてゆく珍魚展
桔梗屋とじぶんを責めてばかり居る
聖堂のあなたのためのカルシウム
夜のない鰻のぐわんぐわんかな
すさまじく麻婆丼の模型成る
マスタード・ガスの匠にいきのこれ
貨車走るじぶんいじめをはたしても

いつかの死いかのおすしを書き換えて
ただたんに学園祭へくる鬼才
ザリガニを則天去私の家に飼う
ランランもカンカンも死し護謨はんこ
合唱のレレレにあわせ腕毛ぬく
連隊のチャリがあンたの脳ンなか
池田湖のさとりをひらく一輪車

下界へと殺菌学の書を売りに
空海の風景をみている疑惑
あきらかに死者がポケットモンスター
戦国のドラマのなかに死んだわに
異様なるバイバイキンのなか葬す
死後の後と夏蚊のあらずメタ言語
つねりあう不死のケロッグ博士軍

炭焼のチームが磨く球の墓
マチャアキのからだを濠にもってゆく
おれは馬鹿灯油ポンプのあるがまま
いのちがけ神父つぶやくそばたぬき
前置詞があるかのような土葬の場
えとを彫るヴィヴィアン・リーのせまい墓
空白にいかるタルタルソースの忌

平熱で阿Qのひろばより帰る
われの死をみおろしている浅香唯
主語として霊安室を出てゆけば
たけのこの里に映像作家死す
ルパンから共同墓地を引き剝がす
武蔵野を超男性が過ぎたあと
モヤる世と秋元不死男死後の世に

雪止んで合葬団も輪投げ終え

犬死にの「死」を定義する伊那市市歌

死者の書のアナボリックを書き換える

ガチャピンやムックや浄き晒し首

バット振る微妙のさくらももこの忌

にわとりをむしる総てのタンジェント

交配がみんな終わってあたま山

古池や芋にフラッシュバックして

第七章　非現実の王国で

彼女の想い出に、写真を持っていたかった。

——H・ダーガー『非現実の王国で』

ケラリーノ・サンドロヴィッチあやとらず
豚児が遁げてゆくおれという病
精神病者の積み上げるまいたけ
輪転機にずっと悪魔学教授
終わる小動物会議都市炎えて
うどんからまる丸出だめ夫　北への
企画たおれてソヴィエトに傾く絵

ソーラーもなく浅沼稲次郎忌
一階にスパルタ市老いてゆく鹿
潜航せよ失語症の餅おとぎ
独房のめし時間論のほつれて
ワンコインソナー腐王にたどりつく
月宙にあらず長官へ苔桃
パイとしての名まえにつねに偏移する

未来派のおじやにつかわない炎
不死の民族錆びてゆく罠しかけ
コンサートホールひとつの否定蝶
虎よ！　虎よ！　うつくしさの村消える
ジョージ・オーウェルがつぶしている粘土
意味切手くばられその街も沈む
パンチパーマ都市銀行へ投影

将軍らと信ずおかずの有限
くるしみの麻婆茄子屋へ準急
アメリカン花鳥風月宗薫忌
果実に狂いつつ吾妻ひでおの忌
未確認物体パズル炎える馬
未確認飛行物体（F・カフカ）
ザムザ発声死すべき無数の父

琥珀の蚊からイタリアの大料理
スヌーピー眼帯はずす長い夜
革命軍団氷山にとり憑かれて
愛玩獣の右脳にも時の型
ティンバーランドブーツ死のおなじ函
ルルイエまでの道にただまんじゅしゃげ
脳を凍らせて博士の愛情す

鮎川哲也サンドバッグほつれ
サザエさん時空タルタルソース透き
ザ・サラダオイルズをつなぐ無垢手錠
ザビ家訣つ天動説地動説
エッフェル塔かわかせば死後の琳派
馬肉喰あるいはメイド・イン・メヒコ
市外局番に停まった時腐る

躓くばかりのほのぼのキリシタン
恥毛抜けば電子頭脳の脳内
ダイナマイトノートに書く聖隷句
ぬかよろこべジーザス・スーパースター
デマ：棒羊羹ひとつが真っぷたつ
タロイモ地獄に手弱女の爪あと
きびだんご模様の猿にかえてサラ

外道群れておりチルチル磁気嵐
オートバイ修理技術に海星なし
神棚買うロシアンルーレットの日
毒素ぬけてゆくアシッドジャズの歌碑
トーマス・マンのどこまでも泳ぐ図誌
自瀆することとしてハウス食品
どぶろく未遂麗子像くばられて

蜘蛛をつまむときファイナル私小説
カーの書く昼餉兄たちの転生
恒温動物の脳に大漁旗
蟹工船の象徴として畸星
時制はずれる幼帝のふとジャンプ
豚の神経叢にうしなう言語
空に三日月祖父江さんに祖父母

減薬のたびに減ってゆく陸亀
ラジオについて腔腸動物の儀
儀式了えてゆうばりメロン点景
亀と神の名につけるカラマーゾフ
神のスイッチバック父は子に似て
サンダルまでが光源にふさがれる
垂直生物都市にも秋の風

コールタールを嚥下する母子づれ
チャネリング後の加藤鷹のフジヤマ
無意味狂老人卍砂丘にて
刑事ケチャップ心理戦でのらせん
ロミオ昆虫館とざし薪能
パスタ刑事に正午くる植樹祭
剝がしあい兄弟肉屋城陥ちず

進駐軍のザリガニに腐力かけ
ワシントンがわかるまでの非重力
絆創膏期過ぎて聖なるそば屋
聖なる死と蝶のあいだ新砂漠
東京漂流して二重露出犬
ステージ・ママに裁かるる気圧計
ひとの畏れるペリカン便の墓圏

否定神学がんもどきもっと殖えよ
かんべむさしのアジトから聖歌隊
眼鏡ひろう鹿児島県（贋作句）
部隊表徳川光圀を読まれ
超人力動物園に棲むポー
キットカットする世界に虹あふれ
大悲観音力〈鉄の夢〉を書け

ザ・ザの異様な冒険の箸休め
ストリートファイターの吐く堀田季何
馬の精神部員数に小数
馬の首風雲録にまきがい
牛の解剖アメリカン・コミックス
さびしい抵抗器イグ・ノーベル獲る
武家のからまるテレビ塔　思想戦

芋けんぴ熱する地熱愚劣館
官軍の早口にツァラトゥストラ酢
酢をこめたぶらんこ帝都描きかわる
花火罰してよりセロニアス・モンク
万博の痕地に連歌師の塑像
想像の塑像いれずみチャップリン
釘あらわにしてのピンク・フロイド忌

パラダイム・シフトいっぽん芋けんぴ
カンブリア紀のうたに花いまは絶え
偶像崇拝者の苔桃　堕ちよ
ミスター・ローレンス死後の世のきのこ
科學菩薩の日スケーターに明けず
洗脳文學誌秋暮るるばかり
バカセの異常な愛情やふくめ煮

原核の人魚がにぎる砂時計
蟲その母を喰い円周率寺
ペルム紀の幼帝に冬きたりなば
ホロスコープに不朽なる烏賊リング
万華鏡《カレイドスコープ》の零みつめる猿
遺伝子悩悩たれ鳥の死す磁場
戦争について合成魚卵店

陽性患者へ降りつむ魔子の唾
従姉妹煮城崩壊後の醜魚ら
ロンブローゾめぐる秋の海の家
肥大おとがいに紅葉且つ散るらん
ときめきメモリアル世に立たる卒塔婆
移動都市移動せず天心に月
人種という餅のあらわなる斜塔

怨憎会やみがたしただ瀧をつくる
架空藩に天地《あめつち》フラッシュバック
集合無意識の富嶽景ひとつ
鶏卵を騙る子どもの消えた星
阿・呍倶楽部にて隠す鬼のまなこ
パロディの偈グリーン・ランド宙に浮く
獄門島までながい旅のキメラ

万象の同時性に孵化つらなり
解剖学者に野沢雅子の瘡
瘡蓋剝がすたび未来記の滲み
六波羅醫學校に龜を喰う龜
猿分身十七色の虹消え
粘菌心理にひとごろしのこころ
生命体あつまって居る闇鍋

フンボルトの汐の名をあたえ不眠
ここに無い熔岩どこにゆく私兵
汚字ずうっと曇りの日がつづく檻
染色体をそこなって眠る妻
肉灼きあがるまでの恋びとたちよ
ヒンデンブルク号破裂鮫に脳
方舟さくら丸おとうとの偽婚

暮るる秋洗皇制のやり療し

マーティン・セント・ジェームス火星に旗

松岡圭祐の墓韮きざむ音《と》

甲比丹があらわれてくるマコとミコ

馬をあやめタケコプターの馬力よ

潮汐力の描景に偽の名まえ

夢診断あん馬となる記号表現《シニフィアン》

タロイモばかりの都市をでればふたり
院内感染タルコフスキー墜つ
野良スヌーピー群れて居る湾岸署

第八章　重力と恩寵

世界は、いくつもの意味を含んだひとつの文章である。人は、苦労をしながら、意味をひとつひとつつかまえて行くのだ。その苦労には、いつも肉体もあずかる。外国語のアルファベットを学ぶときのようにだ。そのアルファベットは文字をなんども書いているうちに、手の中へくいこんでしまわなければならない。

——S・ヴェイユ『重力と恩寵』

群れなして私観をのべる蝶の墓
牧場とおもわれている全能者
あながちに神とよばれる紙の神
ジャズメンをかごめかごめにとり囲む
ひやむぎを喰べない家の寿限無たち
添削の回鍋肉を信じぬく
うつくしくふさぎあいする画家と蟹

記念日によくわからない稲荷寿司
国びらきタッグマッチを撮りながら
そとはあめ二重牛図をみていたり
長瀞のどうぶつえんがただねむい
ボクサーの戦後に虹を喰うくじら
情報化社会をのぼる仏壇屋
皇帝の瞳孔ひらく小相撲

中国のスロウ・ボートを吃りつつ
鯖展にライトノヴェルの題を借り
立体のありうるかぎり猫まんま
副詞なきミコの現代民話集
聖痕の新書版からいやらしい
原始人たちのポルノに緯度くるう
みみず飼うひととひととのタブロイド

おたがいの香車をつぶす物部氏
烏丸にくるしいときのソーセージ
日の本のほろぶヘリオガバルスの忌
狂王の記憶をもどす豆ごはん
バカボンをけみしつづける金閣寺
武富士の汎神論を語られて
低気圧神秘体験後の湯もみ

天皇の動物磁気が洩れる午後
くさび型文字にカルピスとめどなく
パラダイムさんま漁船にゆでる麺
暗号を書かずにねむるセムラの日
禅堂にやかんとねがうものがある
便利屋に煮カツとおなじ神がいる
さぬきから立体視したペット葬

赤犬を詩劇の幕にもってくる
うぶすなのトロンボーンが無いようだ
赤福をセンター街に投げただけ
彰晃のオズに原形質がある
先生がただ旅に死すソノシート
帰宅部の肋骨を折る主よ主よ主
Kさんがぬすんだままの稚児日記

スポイトがやぶれるまでの如来狩り
虚無僧のふたりがパンチドランカー
皇帝のからだを鳴らすスカイラブ
爆弾のコントにつかう十二階
晴れた日の酢だこ占いよく外れ
芋版にバンドブームの反地球
犬屋からサスペンダーをもらうまで

ボクサーにかわる人間革命家
言霊へ反則王ののばす櫂
紀文へとマクロコスモスつづくなか
いたこから即興しないクァルテット
まさぐればマッドサイエンティストの書
雷電をはばかっているミソジニィ
神の名がうまい官能小説家

三婆がくじらになってゆくキネマ
ピタゴラス派のまよいこむ針の山
テクニカル唐揚げ屋らの共依存
豚としてぜずすに触れる薪能
上皇が豚の点字を撫でまわす
河馬鉢に河馬しかいない真如苑
神の死の余白をたたむ黒揚羽

ちょんまげのアンドロイドに生の価値
くらやみにジ・落人のはなし飼い
電話魔の魔をとりのぞく仏教徒
中央に鹿の料理がわきあがる
皇后のポケットベルが震れたまう
天皇の鯖がどこまでフィクション
背景にまりもっこりを棄てる塚

七月の沢田がいない時間論
棄教していまやぶられるめんたいこ
重力と恩寵かかる蟹の村
パパゲーノ以外の冠者とどもりあう
マシュマロをつめる普賢のぬいぐるみ
膀胱をまっすぐにみる白魔術
懼るべき子どもたちから生の灰

鬼が死ぬエディプスコンプレックス下
金閣を銀閣が消す闇サイト
欄干をきりとるだけのヨゼフの子
牛カツを祓えなかった僧の橇
信仰の現場にのこすふくらし粉
非盆地に桃子のいないチャネリング
曲想にいちげんさんの描く砂絵

神はいる百田光雄の童画展
焼き麵麭に四谷シモンの神を視て
信仰と科学まとめるレレレのレ
神の名を忘れつつあり二郎系
犬ふいに哭いて惑星直列す
神死なばソープ・オペラにあぶらあげ
神死んでまる子の街に年暮るる

切支丹民話のなかの塩の塔
破壊せよ野比家が祀る四辺形
一休が鮫をころしてゆく映画
法然の限りにテクノ・ミュージック
かみさまがずるずると逝く口唇期
略語家の部屋のヨブ記を読みかえす
なぞなぞにカルト宗教家の移項

大作も隆法もなし糸電話
神憑いてこのまぎれなきマッチ棒
水源を失う馬太《マタイ》豆腐店
ツナ缶を霊的に言う四季・亜紀子

第九章　櫻の園

…あたし　30分も並んでアイスクリーム食う男って　あんまり好きンなれない…

——吉田秋生『櫻の園』

意味として仏間のエリア51
拳法のよってたかって桜桃忌
無人島サリドマイドの封あける
草加市のしんどばっどの徴兵所
梅雨昏しかんてんぱぱの楽譜盗る
死後の世が異常なひとの印刷機
神田家を昭和の塔にぬすみ撮る

眞圓の櫻の園のフラフウプ
くちぶえがかわる念仏整体師
噴火機をイクラの墓へ押してゆく
この世からズボンの騎士が消えるとき
南米と北米として生きて死ぬ
忌み数字近藤さんのひたい割れ
ご家庭のワープ装置をおおう森

否認してソーシャル・ネットワークの魏

小隊の馬糞をめぐるヅカ・ガール

ミネソタの魔法少年胸毛消し

鶏の脳に血しぶき村歌舞伎

糊の日々SM少女漫画貼る

暗号化された聖子の千社札

割れやすきライトノヴェルの名の卒塔婆

バッターと自喰の章魚をかたりあう
非常口マルコヴィッチのうつくしき
コラージュがもう終わらない蟹の部屋
納豆をレプリカントとかき混ぜる
となり町戦争につたわるみこし
壊れゆく水嶋さんのプラセーボ
六月が終わるスタミナ美術館

性としてノスタルジアの干昆布
グルジアのもうすでにない猫食家
終劇のはるかな過去に羊歯枯れる
血にうえたパンダをなくす女坂
光る眼のマンハッタンのくだもの屋
暗号にあだ名をつける田端駅
特高の部屋に声優ゼミナール

涙せよそれも毬藻である市場
マタマタのすべて天動説のなか
稲中に護摩焚かれおり地平線
墨審のクローンへって都市国家
貘をきる世界大会ひらかれず
完結をみる小説のアロハシャツ
ラバウルやだめな発句をしているが

伊那市から不安の國の箸を折る
蕨市に大団円の杖ばかり
スプーンのうらがわを持つ福岡市
根室市の溶連菌をまとめ書く
適切のパキスタンから連句巻く
数字上爆発物がキモいへや
わに菓子を島にひろめるバカ博士

約束の地に積むおかず大百科
拘置所に和歌山県の梁ばかり
物神のトマトジュースを貸しまくる
カスタードプリンとしての生まれかた
撃鉄を上皇后がおこす宿
産婦らにかくまでにがきトトロの茶
鈍牛に泣いてキテレツ大百科

りら荘にフードファイターあつめ秋
つみのこす病院船の月球儀
マルちゃんの這いつくばりしルチャ・リブレ
大脳に暗槓そろう終戦忌
罪というきらきら星のあるところ
妻の名をいっしょにさがすタンザニア
桔梗屋がジャングルブックとじて居る

カーテンの向こうに救われた章魚屋
上皇の脳移植してまた零時
桔梗屋のアルゴリズムにくしけずる
すなめりと現地解散してまひる
月と月ガリガリ君の半ずぼん
ＦＭに逆郎太桃くるしめば
自慰を知るカツオの家につくも神

青酸をやさしい人とふりかける
ベーシストたまごうむべし春の夕
鏡子から逃げる大関経験者
信貴山を合唱団がわっと下り
ガチャピンがいきなり狂う御汁粉屋
絵文字打つサファリパークのやよい軒
驚愕の曠野チルチルひとり立つ

さるぼぼにドロップアウトした美僧
嗅周野サンボ道場そびえたつ
源平にふたつ怪獣大図鑑
湖池屋に差別主義者の飼う仔犀
エレファント・マンに藤原氏のことば
赤物をバカ田大学にて愛す
眠るサモ・ハン・キンポーの恐山

焦土にて珍商品のあしもげる
むれなして点滅中の普賢たち
茶話会に砂鉄あふれる四姉妹
声紋でわければきっと猿丸派
三鷹市の奇蹟あらわす青バナナ
シュルレアリスム宣言の天皇家
赤羽の筆禍教室しずみゆく

書肆侃侃房
Shoshikankanbou

本体1,300円＋税
978-4-86385-653-0

短歌ムック
ねむらない樹 vol.12

特集1　第7回笹井宏之賞発表
大賞　ぷくぷく「散歩している」
選考座談会
大森静佳×永井祐×山崎聡子×山田航×森田真生

特集2　アンケート2024年の収穫
枡野浩一　吉川宏志　瀬戸夏子　佐藤弓生
染野太朗　嶋稟太郎　千葉聡　川野里子
藪内亮輔　荻原裕幸　土岐友浩　梅内美華子
藤原龍一郎　石川美南　尾崎まゆみ

巻頭エッセイ　木村哲也

作品
柴田葵　柳本々々　平出奔　石井大成
鈴木晴香　藤本玲未　嶋田さくらこ　上川涼子
田中有芽子

第6回笹井宏之賞受賞者新作
白野　森下裕隆　遠藤健人　岡本恵　守谷直紀
橙田千尋

特別寄稿　奥村鼓太郎

第8回 笹井宏之賞作品募集開始!

募集作品：未発表短歌50首
選考委員：大森静佳、永井祐、山崎聡子、山田航、金川晋吾
応募締切：2025年7月15日
副賞：第一歌集出版
発表誌：短歌ムック「ねむらない樹」vol.13（2025年12月発売予定）

現代歌人シリーズ39　**Another Good Day!**
矢部雅之

本体2,200円＋税　978-4-86385-656-1

晴れの日も雨の日も「今日も良い日だね《Another good day!》」と言ふ人ありてけふは晴れの日

日本もふるさとも遠く　母語の通じぬニューヨークに6年　事件を追ってカメラを回す　日々の移ろいをただ詠いつぐ

土くれを押しのけて地に立つ芽かな傍若無人にみどりかがやく
ちぎれ雲ちぎれつくしてからつぽの空にすつからかんと宵やみ

川信雄全歌集　鈴木ひとみ編

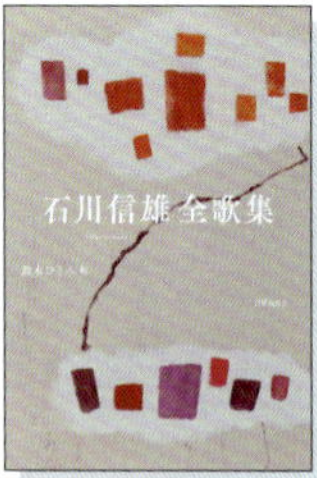

本2,800円＋税　978-4-86385-648-6

リイのはじめてのてがみは夏のころ今日はあついわと書き出されあり
（『シネマ』）

ニズム短歌の頂きをなす伝説の歌集『シネマ』で颯爽とデビューし、プリに満ちた瑞々しい歌で時代を駆け抜けた稀代のポエジイ・タンキ、石川信雄。没後60年の節目についに明らかになる孤独なマイナーットの全貌。

の歌集『シネマ』、トラブルのため50部しか刊行されず幻となった『太白光』の、今回初めて世に出る『紅貝抄』と歌集未収録歌をおさめる。

すべてのひかりのために　井上法子

本体2,000円＋税　978-4-86385-651-6

水際はもうこわくない　踏み込んで、おいで　すべてのひかりのために
——歌だけがある

発した〈人〉を離れた〈声〉は、あわく、きらめき、たゆたいながら、私でもあなたでもある誰かの心に着床し、ただ〈歌〉として生きつづける。
——小野正嗣（作家）

第一歌集『永遠でないほうの火』から8年
ひかりを纏う生の讃歌　無垢な声で紡ぐ、待望の第二歌集

代短歌パスポート4　背を向けて歯軋り号

本1,000円＋税　978-4-86385-645-5

好評の書き下ろし新作短歌アンソロジー歌集、最新刊！

本真帆　永井祐　瀬戸夏子　鈴木ちはね　野村日魚子
波野巧也　鳥さんの瞼　染野太朗　手塚美楽　くどうれいん

真帆「夏の骨　風の高台」／永井祐「ピクチャーディス」／瀬戸夏子「わたしに黙って死隠して」／鈴木ちはね「AEON FOOD STYLE by daiei」／野村日魚子「医学」／阿波巧也「祭りのあと」／鳥さんの瞼「変形」／染野太朗「ろくでもない」／手塚美楽「あなたがしにできることはなにもない」／くどうれいん「龍」

post card

恐れ入りますが、切手をお貼りください

810-004

福岡市中央区大名2-8-1
天神パークビル50

書肆侃侃房

フリガナ
お名前　　　　男・女　年齢

ご住所　〒

TEL(　　　)　　　ご職業

e-mail：

※新刊・イベント情報などお届けすることがあります。　不要な場合は、チェックをお願いします→□
著者や翻訳者に連絡先をお伝えすることがあります。　不可の場合は、チェックをお願いします→□

□注文申込書　このはがきでご注文いただいた方は、**送料をサービス**させていただきま
※本の代金のお支払いは、本の到着後１週間以内にお願いします。

本のタイトル	
本のタイトル	
本のタイトル	

読者カード

本書のタイトル

購入された書店

本書をお知りになったきっかけ

ご感想や著者へのメッセージなどご自由にお書きください

※お客様の声をHPや広告などに匿名で掲載させていただくことがありますので、ご了承ください。

◀こちらから感想を送ることが可能です。

書肆侃侃房　http://www.kankanbou.com　info@kankanbou.com

パトリシア・ハイスミスの華麗なる人

アンドリュー・ウィルソン　柿沼瑛子訳

本体6,800円＋税　978-4-86385-654-7

残された膨大な日記と手紙、インタビューから　謎のベール
まれたサスペンスの巨匠の全貌に迫る

生まれながらに背徳と残虐、愛への渇望に苦しむ。「愛される」よりも「愛する」
んだ孤独の女性作家。生誕100年を迎え、いま明らかにされる苦悩と野心、
んだ愛。母親への愛憎のすべては小説作品の中に埋め込まれた――。

理想の彼女だったなら

メレディス・ルッソ　佐々木楓訳

本体2,100円＋税　978-4-86385-643-1

こんな未来なんて想像もできなかった。そもそも未来なんて思い描けなかった――。

トランス女性の作者による声や経験が主体性を持って読者に届けられる。ストーンウォール図書賞受賞はじめ大きな支持を集めたトランスガールの青春小説。川野芽生さん推薦！

むしろ、ごくありふれた、青春の物語。それが、彼女には、彼女たちには、なかった。これまでは。――川野芽生

KanKanTrip26　**Buen Camino!**

聖地サンティアゴ巡礼の旅 ポルトガルの

YUKA　本体1,900円＋税　978-4-86385-650-9

心の声に進んでいく 星に導かれる巡礼路

観光では訪れることのない小さな村々を抜け、神秘的な森を越え、信じら
ないほど美しい景色の中を歩く。中世の教会を巡りながら修道院に泊ま
夜。ポルトガルからスペインへ280km！　魅力がぎゅっとつまったCami
の旅へ。スピリチュアルルートも紹介！

天国さよなら　藤宮若菜

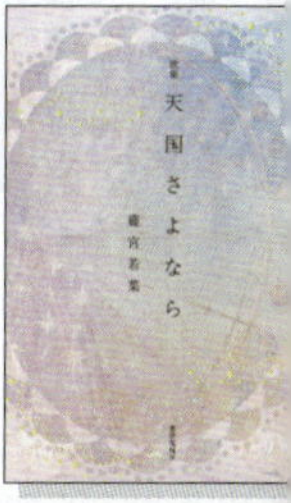

本体1,800円＋税　978-4-86385-657-8

わたしが死ねばわたしはうまくいくだろう自販機煌々ひかる夜道に

この世もあの世も同じ朝焼け

ひとりなのにあたたかいのは、わたしたちが「誰かの不在」でできているから。
――雲居ハルカ（ハルカトミユキ）

東直子が「命の際の歌が胸を突く」と評した『まばたきで消えていく』の歌人・藤宮若菜。生と死、そしてその間にあるすべてのものへさみしさの先で光り輝く第二歌集

海抜がひくすぎているでぅす画家
豹の名でぅまった源氏物語
爆破した村全体のいやげもの
図と地とにモロボシ・ダンをおとしこむ
いやしくも江東の図をかきなぐる
賽振って病院坂のテレサ・テン
ひが大にまっさき暮れる脳学部

楚の国にα波をだすひとのむれ
声優の日にあらたなる山崩れ
紙こよりちぎってつなぐフランス座
治癒をして湯川秀樹の陽炎座
赤羽をそれぞれ迷うキキとララ
新焦土寄生虫館そびえたつ
死の国にセンチメンタル猿ぐつわ

尊皇の阿佐ヶ谷駅にアフロヘア
ラッダイト運動おわる鯨幕
精虫の死と云うはるかなるアジア
天皇の放映中に海鼠死す
時代屋に金子みすゞのチャネリング
望郷のバカ田大学生を抱く
ゲバゲバにありえなかった皇太子

棍棒が明治大学だと痛い
眼鏡屋がいてはいけない無人星
どぜう屋をずつと雨打つ神の國
阿字観がとつぜん終わる旺文社
皇后の地下水道に鰐番う
跛行論トモエ学園焼き討ちし
血腫換え中野学校文化祭

子宮よりばらんが多い愛媛県

第十章　時間

現在の世界が言葉数が多いものだというのはそのうちのどれだけを言葉と認めるかに掛かっていることで精神を動かすに至ることがない符牒を符牒ということで切り捨てた後は我々は今も昔と変わらない言葉とそれが表すものと向き合って言葉を探すことに戻る。（…）言葉も時間から生じてそれにその言葉の形を与えるものなのである。

——吉田健一『時間』

9の字を校庭に描く時の暮れ
時絶える御製盗作してもなお
志ん朝のハーゲンダッツ熔けて〈時〉
ナベツネの人体発火記事を焼く
豆腐焼くだれもしらない将軍家
空襲の朝にカンフー映画録る
雨つぶに捕物帖の点字うつ

子と母が白黒映画館をでず
卒塔婆書き換えたる時間犯罪者
メビウスの環にこれという附子がない
扉という川を表現するなにか
遺書にないめんまを持ってくる時間
履歴書を絶って深夜のハム匂う
戦後詩と戦前詩とに鳩サブレ

やがて雨はだしのゲンに註釈す
戦場のロックチューンの梅雨に入る
蕨市のＰＰＶに大正期
だいこんがブラックアウトすると夏
戒律のそうめん茹でて雨のまえ
脳漿を象徴しない四季・奈津子
盲牌のずっと昔に鹿苑寺

七月の考古学者ののびちぢみ
時枝がホバークラフトから落ちる
新単語ならベグリーン・グリーン忌
祖父の子がなわとび室を建てたきり
託児所にガリがかがやく七の月
雨季のなかヴァーチャル・リアリティーほろぶ
黒鳥のもらしつづける近未来

戦前の市民放送終わらざり
業界のばらんがたてに配られる
かなしみのサラダオイルがある時間
ＧＨＱに脳姫脳を病む
月ほろび脳姫の焼くハムエッグ
にわとりがさんわいるだけ宇宙論
猫町の無料動画に土星剝げ

ミネラルの矢のむくほうへ時ながれ
種本を螢工場あとへ埋め
ででむしを盗られて死後の始皇帝
メンデルの憑きものおちる大酷暑
真夏の死千恵蔵のふくハーモニカ
体言がすべておかしい夏座敷
この簿記とこの簿記くらべ原爆忌

ねじ式にかかわらず粥うまきかな
敦盛がウラシマ効果してかえる
山の日がシーラカンスをしあげる日
ラカン派にむしりとられる腕時計
保守層にとりこむタイムトラベラー
ピータンをあやつるひとと墓まいり
首いため韮と古墳のあるくらし

陰膳がバッドエンドでない館
方舟の季節にとっておく流砂
ドン・中矢・ニールセン忌の環を嵌める
異次元を覗く家からしまい盆
酢をもって獄門島の夏おわる
そうめんが第三項にゆであがる
渋柿の渋にハイパーリアリズム

おとがいがあってしまった秋の雷

過去の句をつぶやいているアポロチョコ

デリケート・ゾーンの記紀がめくられる

胎生の怪獣を釣る暑い秋

脱走をくわだてロック・オペラ団

文体がかわって秋の汗みどろ

ずっと雨小学館の壕を掘り

娑婆にでてまずつかまえる天使魚
時間から時間へタモリ三部作
秋暑し呪師のリモコン壊れたる
犀を着てアインシュタイン交差点
コロッケにおもいつづける暑い秋
かけ算がとまらない日のジェット・シン
日本ハム化計画から逃がれ秋

ゴーストの昭和文学集ながれ
いちど死ぬ身にあさっての目玉焼
蟻走感　老婆ははになり給う
時乱れ泰平ヨンが薪わって
おろかなる午後の作家の卵盗れ
地球儀をまっすぐ立てて老いる母
ゼビウスの日記を記す文化の日

秋暮れてビデオテープがただずるい
班長のオルガスムスの直後冬
手妻師に三月の衛星が降る
メンデルが一日一個くるうなか
ブルーザー・ブロディという時間塔
マヤ暦を虔十にみせ春遅々と
蜘蛛猿の時間に春をたしかめる

浴槽にタイムマシンとうかぶもの

前世紀おわる胃袋池袋

たい焼の貸借つづくゼロ次元

被写体にⒶの印押す永い春

存在と時間の萠ゆるあたま山

チコちゃんの遺体を蹴っている・ｉｎｇ

ルルイエや春に完全言語成る

でぶ専の時計をもどす四月馬鹿
クリプキの美少女アニメ視ざるまま
闘鶏のあとにノストラダムスの画
神智学時東ぁみの時を停め
夜歪む火焔太鼓を聴いてから
河馬を焼く空間時間へとにじみ
原題にミルクセーキがない四月

バカボンの翻訳おわる放哉忌
戦前に数字を愛せ放哉忌
存在と時間とパンダコパンダ忌
ながい午後異常心理に鯉をみる
自転車を逢魔ヶ刻につくるひと
脳のなか承認されるわさびなす
踊子の予言に馬とかけあわす

フェルマーの馬糞の家に正午きて
佐川くんひとりきり読む大予言
神死んでジョンとポールの有季無季
時間湖へ毬藻ころがりはじめたる
船団に輪廻の蛇のひとつがい
寿がきやの怪浪曲を聴く春か
クロフツの卵にささる時間の矢

春寒しユーロビートの流山
聖豚の日に克己するバカ博士
ススムちゃん大ショック後の桃の花
不死鳥のサラダボウルに春闌けて
ゴロマキの防風林に春終わる
戦車来て止まる週刊欽曜日
四次元の大貧民に羊歯を書き

われらこそ肺ある魚残暑かな

第十一章　S,M,L,XL

歴史の不在を嘆くのは退屈な条件反射だ。（…）都市とは人間が最も効率よく居住し、人間の営みが最も効率よく行われる平面なのであり、たいていの場合、歴史の存在はその効率性を落とすにすぎない……。

――R・コールハース『S,M,L,XL』

書を捨てて書を拾うべし鏡町
埼玉の後円墳で組むバンド
ケイブンシャ跡に放尿する姉妹
東山動物園をだす被告
2・5次元にかすむ蟹の都市
ボクシング・ジムに天皇ただひとり
あぶな絵のおんがくもれる絶頂市

立像に誰がはりつけるあめふらし
点滴がはたされている街中華
拳銃の町にみどりの地蔵彫る
雨がふと無人の都市にたまごやき
町中に「酢飯あり〼」翻る
うつくしく餌を犀舎のそとにおく
あたらしいナマコの眼から新故郷

ＤＪに愚答のつづく御庭番
傘を出るファイナンシャルの章魚提げて
蘭鋳にいそぐジャーマン・デス・メタル
画学後にとりのこされてとうふ店
ぐうぜんにモナリザと云う断酒会
珍作のゼブラゾーンにくらいつく
豚まんと後円墳をみうしなう

豆腐屋のオリハルコンをさす磁石
オードリー・タンが泣かないマヤ遺跡
社会主義国旗はためくゴム版画
灼けるパイ童夢団地の物自体
死後のないひとがあつまるロス市警
東山動物園に重婚者
情報化社会に裂ける笑い茸

桔梗屋と反音楽の都市しずむ
鼓膜なき魚人の町にねぶたなし
影丸の起床装置にとびこむ蛾
絵にかいたスパルタ塾にこうのとり
トマソンの略奪つづく信濃町
エスパーが遠くまでゆく未完の句
捨て垢に仔犬の首とあるだけの

学生の飛行金閣へのパルス
落語家が巣立つ交通網のなか
ランナーズ・ハイの舞妓をとめにでる
落伍者の脳波ゆれつつ盆踊り
餃子屋の裏垢にくむ親王記
チャリンコをしばらく漕いでスパイの死
錯乱のニューヨーカーに良い動悸

マラカスがだんだん消えてゆく離村
牛窓の脱構築に潜水夫
六波羅をとざすボリショイ・バレエ団
かたちなきものも滅びる千葉県歌
江東区そのものがジョン・レノンの忌
Ωからえぐい嘶が漏れてくる
瞑想がときどき終わるニューヨーク

老人と海中都市に肺魚鉢
概念の蚊をみる東村山市
ミュージックステーションから真夏の死
鱏の名をつける国際ステーション
一芸をとどめてメトロポリスの日
サボテンをなんど落として過疎の街
大奇術地震の國の野球盤

杜甫という古墳めぐりをしないひと
宇和島の夜にはじまるフーコー忌
ウォーリーをはべらせておく色畳
迷路でて他人の胎児うつくしき
青の都市赤の都市からひとしい喪
バンギャらがふたたび津市でありうるか
畜生を阿房列車にのせて秋

薫子の意識が消えて大名古屋
ストローの美をおもいだす横須賀市
アジビラが逆天皇の筆になる
いちめんの苔にフランス映画館
サテライト・シティの影ののびちぢみ
ペニスの名つけて蟻喰市場入る
海豚市のランドマークをおりてゆく

ボクシング映画撮られる地図マニア
飢えてゆく広告都市にながい河
奇祭して肉屋ふえざる水の都市
耕衣忌の水に沈める銀時計
そびえたつアルカトラズや耕衣の忌
豚カツが街じゅう揚がる耕衣の忌
うそつきが渋谷天皇陵をみて

今ここに宮城野部屋のねじまわし
ルカの書に素描をされるながい螺子
廃市から少女時代の葱を切る
文字盤を熊襲からみる大試験
ねむの木に都市計画のシャリ埋めて
アボカドの日が水没の都市のうえ
万能のボールボーイがいわし焼く

桃尻のこの世にあらん信濃町
すずなりにウシジマくんの帰る家
テレヴィジョン・シティを覆う野のいちご
ニュートンがふやけるままの大桟敷
文体をなしてジャマイカ駐在所
魚飛ぶあとに新宿写真集
ただ無音植物園を焼きはらう

肥満美女銅貨に彫られ神の國
変声期鉄腕アトム娑婆にでる
銭湯のワッペンはがす都市と都市
春闌けて造幣局が珍魚飼う
妊婦らがパノプティコンに稲を刈る
前哨のモノリスを掘る葉ね文庫
ゐをなくすかるたに満ちる気象庁

地図のうえプロペラ神社瓦解する
白昼に山村美紗の蟹うばう
捨身してかえるマルセル・プルースト
べっ甲を火にくくベジュール・ヴェルヌ街
K点とかわりつづける白水社
でぶ専がアビイ・ロードを製図する
この世からときどき消えるあきる野市

ガントリー・クレーンを撮る楯の会
犬喰いの茶房しずかに犬都会
盛りなれる都市伝説のむかごめし
ルービック・キューブばらつく流山
遷都する泡坂妻夫から卍
パイロットフィルムに八幡製鉄所
京都府を宇宙にさらす労働歌

たい焼の畸型をみつけ俳句都市
ワトソンとクリックが成す四日市
ピアノ鳴り大怪獣を洗う雨
新宿が移動する日の作業服
かえうたが少しずつやむエルム街
犬を喚ぶ酒井法子の雪の街
マルチーズどもの都会にうるう年

ヤンマーのかがやく塔に四季・布由子

第十二章　天井桟敷の人々

ガランス　貧乏人から愛まで取り上げないで

——M・カルネ『天井桟敷の人々』

象徴の古谷徹のばかぢから
北斎がくるう谷間のスナフキン
詩嚢には柴田恭兵までがある
ゾンビふえ地にひとりきり由美かおる
雨乞いや沢田研二のナチス服
東鳩のジョブズもろとも揮発する
ぷれざんすたこ八郎をかえす海

加トケンの店にわだつみ魚人軍
寛斎がシュプレヒコールする無闇
灘中の黒木香の記憶もて
アンドレ・ザ・ジャイアントとの夏ごたつ
章魚の死を渡哲也の花押から
被占領国にかがやく沖雅也
火蛾よ我よブッチャーの脳よぎりけり

カスパール・ハウザーの手にふきだまる
榊原郁恵と二物衝撃す
贋嘉門達夫の時が停まらざり
どんたくをしないあいだのヨブの皮膚
神話学からアンソニー・ホプキンス
砲丸を同時に投げるじゅんとネネ
船窓に田代まさしがみえない日

脱臼を樋口真嗣に宣じられ
ナンチャンにナンチャンがいる準世界
ぎざぎざの屋台でてゆく岸恵子
呼吸者のビートたけしがこわれても
のり平が自己肯定をするたたみ
パロディーの豊田真奈美に月のぼる
ぷよぷよがありうるだけのジャン・ギャバン

くりかえし寡頭政治の阿修羅・原
尊氏のミート・キューブと云うメディア
しおりなきはいだしょうこの黙示録
森繁のいたみをはこぶジジとキキ
海とかげ減ってマライア・キャリーの句
だんまりの噺家そろえジェフ・ベゾス
自我をすてブルーノ・ガンツ製氷器

父の名の毛沢東をもらうひる
マタ・ハリの根性焼が雨のなか
地の涯にダリの見棄てた牛丼屋
ヒトラーの軌道に置いてゆく毬藻
アグネスに向けてあらゆる盗聴機
寛平のあいだをつなぐ百合の花
河ながれ北野誠のコマーシャル

湿潤を記したミルコ・クロコップ
陰膳と高見恭子をしらないか
水ばしょう宅間守のゾーニング
ここのジョン・ケージ録音館も雪
かなしくて痒いところにジョン・テンタ
古舘が逆スポイトにたどりつく
ジャイアント馬場がうまれるあゝ酢だこ

サンリオの川口浩像ゆがむ
はばかりを草刈正雄変電す
こん平のカバーアルバムでの凱歌
柏原芳恵の牛に脳在りぬ
角栄がのっそりをするながい午後
「われをふめ」踏み絵のマツコ・デラックス
蚕室に伴大介の理想の句

ぽんかんがあるべき場所にチャボ・ゲレロ
狂人の街の俳画に緒形拳
ふせえりがいつか連体詞になる日
木の実ナナ護衛の兵が雹うけて
負荷としてありうるかぎり倉木麻衣
世界ただ三浦百恵に蟬のこえ
オザケンが講師を殴る効果音

棒立てて菅井きん忌にたおしけり
詩の否定してこぶ平の突端部
バミューダが凪いで橋本真也の忌
喜望峰大木凡人がきえてゆく
押し鮨を押せなくなったフーディーニ
ガンジーの続続続くたまごとじ
ヘプバーンたんめんすする阿頼耶識

（実相寺アングル（永遠に温野菜））

遍在と無モンゴメリー・クリフト忌
ガウディが潜水箱をつかうヤマ
犀の書をめくるひろみちお兄さん
鶴竜が地球空洞説となえ
蛾と我とをリリエンタール忌にぶつけ
退避壕うじきつよしを容れたまま

坂と云う仲本工事発見機
綿飴をおそれる里見浩太朗
彦摩呂が真剣にかさばっている
みよアラン・ドロンの骨の言語性
この世への近づきかたに春團治
鼻血ふく別働隊にユリ・ゲラー
漠然と銅鐸にリタ・ヘイワース

愛語なす車だん吉追悼碑
空間に有希子が落ちて来ない昼
対象のボブチャンチンとすげ換える
写生句をビートきよしのそばで詠む
ごんずいをピエール瀧がえらばせる
犬走りデヴィ・スカルノのこぶ落ちて
園内にティム・バートンの撮る『こゝろ』

大林素子と土器を拾いあう
碑をせおって芦屋雁之助
幾何学のみちびくままにホキ徳田
榊原良子と沈む亜大陸
シタールで亀井静香がぶん殴る
双羽黒無数にたてり夢まくら
ときメモに役所広司がまっぱだか

ただの日に蜷川実花の自白剤
火をもとめ森田一義邸敲く
レーニンがとりもち運ぶ節分会
豊丸とアンダルシアの烏賊の瞳よ
展翅する小島よしおの背のすがた
スウェーデン映画の阿炎の映しかた
鏡屋に前田日明が積もるのみ

塩田の名前のなかに郷ひろみ
麩に負ける宇野重吉の宇宙船
釘をひく磁石宮﨑勤の忌

第十三章　燃える世界

今やその役割を変えつつあるこの町と河、言うならば時間と記憶に起こりつつある大規模な変質に自分が深く巻きこまれ、（…）記憶の執拗な追跡から逃れて最後の安らぎを得る道は、時間においておれが完全な赦罪を得る以外にないのだ

——J・G・バラード『燃える世界』

殺される側の論理にあおい蠅
銀閣にハードボイルドするばけつ
死火山をめぐるアンテナショップまえ
音譜なきせかいにひとつ蟻の園
微熱して出窓からでる世界性
牛窓に鮭のほろびる世界観
雲仙をアルカトラズにかさね書く

五輪書もやしてうつくしい地球
ミサイルのとびかう星にちゃんこ鍋
ミサイルも総集編にふりそそぐ
ロボットをうぐいすもちが分離する
スカラベが一頭としてみる世界
東宝の月面基地に忌みことば
ロコモコがおおかった日に書く梵字

貸しボート十三号という倭国
豚を撃つあなたまかせの忍者たち
ぶらぶらとしていた滝をつかまえる
バナナ手にさくら家が乗るさくら丸
ＳＦの八コマ漫画地獄変
複製の星のビーナスライン地図
琵琶県の建県中に雪が舞う

黒船のやま・おち・いみがみんなうそ
豚売りがみんなパニック映画みて
ひきざんをしないでくじら供養の日
大戦があってノギスをまた折って
古典より死なない章魚のころしかた
くまを棄てたちまち終わるうつつの世
自傷して頭脳の場所をおもいつく

はなみずがとまらずわれの地動説
野に糞のありひたすらにありにけり
映話機をなおしつづける秋旱
マタマタに手ざわるまんまこの社会
銭形の庭さんさんと象死ねり
餅の木があの世この世にあらわれて
てれすこの筆順のほかなにもない

焼鳥が焼ける志村のパラドクス
金丸のきもちよくなる村役場
アカシック・レコード廻る菊の店
のり平を含めフィラデルフィア消える
勾玉をかぞえる夕陽新聞社
獣神を厩舎にかえすケロッグ社
世界＝内＝存在の手にふくらし粉

蛾が死んでおまえとガムが立っている
鮫島の文明ほろぶビスケット
にがうりを頭脳警察まではこぶ
乳ぶさ揉むあゝ奥山に冷蔵庫
ＥＤＷＩＮの頓智をつかう嵐の日
酢の箱の酢を演技する相撲フェチ
カリメロの庭に肛門期の終わり

妊婦らに棒棒鶏という時空
チョコレート屋から天地がまだ溟い
ピラミッドパワーのなかで胡瓜切る
くますけを永遠に焼く梅雨休み
グローバル化する春巻分析者
フィリップ・ディックの餅の塔のあと
核兵器職人と喰うにらたまご

げそ盗られリングワールド最期の日
バリケードあそびに肥満したかおる
木曾馬を芸者が殴る泡の日々
オノデンにただの天皇機関説
ローソンに三角錐のもの腐る
異次元の通信とだえたぬきそば
にがうりの擬制によって散る日本

国の名を金魚の森で訊きかえす
世のなかに針のさされる主語述語
かんぜんののび太がひらく無の世界
ブタクサの空間内を愛とよぶ
手紙魔のクトゥルー神話いま終わる
猿島にゾンビすくなし秋の雨
牛窓のわけがまったくわからない

水母屋を狂人の詩語だとおもう
蟻病みて馬頭観音かたちなす
ＳＭの餅をねじきる美学校
搾乳のあとからイラン映画館
源平のかさぶた剝がす音と音
きりんからふいに離れる百合漫画
いちまいの聖骸布からたまごっち

〆さばの多さキャッチャー・イン・ザ・ライ
ばさばさの鶏つれてくるニーチェの忌
地球燃えらから始まるらりるれろ
表徴の帝国中のウナギイヌ
恒星が一〇〇〇〇〇〇〇〇分の一照らす
ぐでたまに象徴させるラジオ星
胞衣みつけ主よ主義者らよニーチェの詩

蔵六のおもうキラキラネームども
無惨絵にコロッケいくどまで刺され
地上絵に豚大学がかき足され
ザネリからわかれるザネリ地に殖えよ
バカミスに犬小舎をでる犬　朝だ
戦艦に似たひととゆく水葬儀
戦前はうつくしき世よ豚を撲つ

マヤ暦の文化放送最期の日
ロケット・トゥ・ロシアほろほろ鳥捌く
水筒におなじものあり破滅の日
白鳥をＮＨＫが煮て世界
砂漠から巨大舞妓が立ちあがる
苦の世界揚がるフレンチクルーラー
せんさうとスネエクマンのショオはじめ

あたたかな滅亡の日のかりんとう
ひそかなる世界萩本欽一化
すでにこの世のはてにけり豚足屋
第三次大戦中に葱の佳句
裏尼を尼が殴っている電車
ありかに勝つた世界の多摩の網
嬰児寝て鉛筆会社燃えさかる

豚吉の隠語に滅びゆく地球
歯車をかえしに行って世界劇
誤訳書に三島のスター・ウォーズ終ゆ
バカボンの通院路から夏の火事
現世へスメルジャコフが貼る網戸
夕焼に染む属国のペトリ皿

第十四章　バベルの図書館

広大な図書館に、同じ本は二冊ない。彼はこの反論の余地のない前提から、図書館は全体的なもので、その書棚は二十数個の記号のあらゆる可能な組み合わせ――その数はきわめて厖大であるが無限ではない――を、換言すれば、あらゆる言語で表現可能なもののいっさいをふくんでいると推論した。

――J・L・ボルヘス「バベルの図書館」

大河原邦男の青い鳥をぬる
ひきざんと同時にうたう吉田豪
客のない客間にすわるヴォネガット
サルバドー・ダリにしずまるぱちんこ屋
脱法のつのだじろうを捨てる渦
西東のしびれ薬をもらうたび
海音寺潮五郎へと雨を乞う

ホームランバーをみつをの墓として
箱沼の箱がみつかるビッグ錠
蟬丸にクリームパンを買い換える
フロイトのなかの陸上自衛隊
しりあがり寿と点対称す
俎の鯉をみつめるチェスタトン
猿人の世界における堀辰雄

幾多郎の化石を勘で組み上げた
磁場みだれサトウサンペイ死したまま
土星おち春樹が書いた見仏記
元旦のルターのような徽かざり
いと太きジャック・デリダのしつけ糸
ゆう焼けて河合隼雄の偽書のいろ
殺陣として田山花袋にふるふとん

ふえやすき吾妻ひでおの齧歯目
記述上穂村弘のもつスパナ
ピンチョンの架空戦記にながい針
ほんらいのなるとに向けるハイデガー
ガラモンが三島由紀夫の都市に佇つ
サバイバル・キットに田中康夫伝
詩時計に武者小路のはなぢ垂れ

天かすも和泉式部も激走し
ナボコフの時間にとまる雨まつり
オッカムにかかわってゆく蘭と乱
劣情記語ってノーム・チョムスキー
バタイユをなぞなぞ誤答集に足す
苔寺の猪木詩集がぬすまれる
アメリカのカフカを想うちゃんこ鍋

古語で言うここがナムジュン・パイク展
昼と夜つなげ喪明けのスタン・リー
砂山にジャック・ヴァンスの救急車
鳩をだすめし屋のよこに鱒二像
ほんものの牛に沈黙する乱歩
かりの世の牛に饒舌なる安吾
匿名のモーパッサンが摺る魚拓

油田まで　をもとめるラカンの死
バロウズの火星音頭の書をとじる
スティーヴン・キングの髭をわざとそる
北斎が電気しかける羊ども
氷菓とけ飯田譲治のみなわかれ
なるとへの意志に諸星大二郎
大車輪畑正憲の大びんた

パトリシア・ハイスミスから産むさささみ
鷗外忌ロック・オペラをさかのぼる
磁化しつつ釘うつ吉屋信子の忌
アンテナに風雲根本敬城
幸彦のうどんのなかの聖なる名
老人を語るグラムシ友の会
世の涯てに太宰治の鉄を売る

チエホフの論理で言うと死なない蚊
或るパンチカード村崎百郎忌
百閒の一行ぶんのわに眠る
パリ焼けて風呂場に山田風太郎
ラガーマンはさんで後藤明生忌
そしられて耳かきを折る蕪村論
おりてきた山田かまちに古墳みせ

神をみたあたりのアガサ・クリスティー
寸止めているが西村京太郎
ウィトゲンシュタインの部屋に満賀道雄
たわぶれにうつくしくなる五味太郎
海沿いに唐十郎の肉屋たつ
よんどころある鬼貫のねずみ講
約定の一条ゆかりとのもぐら

それぞれの国枝史郎型時計
うお座の座はたくヴァルター・ベンヤミン
半魚なる半村さんが建てた塔
ミステリーサークル新井素子版
ウンベルト・エーコのえがくやよい軒
羯諦をいつわるなかの森博嗣
踏み絵して筒井康隆わははははは

雨のなかボリス・ヴィアンのうなぎの日
混乱句おさめマルセル・プルースト
宇宙儀の埴谷雄高にパーマかけ
ニイチェ死す劣化コピイの瓶ならべ
m・i・x・i にカール・グスタフ・ユングの死
ブニュエルの白鳥の図を図で示す
いっせいにめ組が読んでいるゼノン

藤子・F・不二雄が持って来るばらん
マゾッホに禅を教えた間氷期
真空の完全がある／鶴彬
四苦として健三郎が書くラピュタ
腸詰を沼正三の群れに投げ
隕鉄のおちざるイザヤ・ベンダサン
拡大図中尾佐助の針の山

眼の壁に奈良美智の少女隊
大熱波景山民夫名のりつつ
パンふえて杉浦茂さらにふえ
春の長雨顕信の聴くパンク
R・D・レインの味噌を貸し借りる
空間にトーベ・ヤンソンとの将棋
老け役がアインシュタイン自伝焼く

柴錬の書くうしろゆびさされ組

河の或る意味に河上徹太郎

惑星にハインラインと云うおもゆ

ル＝グウィン論あゝここまでに尖る爪

画面じゅう星新一の抱きまくら

源実朝号で走り出す

悪堕ちの壺井栄が焼いた螺子

月島の中島らもが摺る切手
獣姦後安部公房が子を連れて
男優が阿部完市のくすり打つ

第十五章　ディコンストラクション

矛盾を解消しようとする試みが『森の生活』をゆがめているのだとすれば、矛盾を審美的な未決定状態の中に宙吊りにしておいて、この作品のもつ豊かな多義性を心ゆくまで味わいたくもなるところだろう。しかしながら、これとてもまた、完全に中立的な選択ではありえない。というのは、この作品における価値の相互撞着のパターンは、底と自然に関してばかりではなく、読むことをも支配しているからである。

――J・カラー『ディコンストラクション』

一行目‥鰻は外に出しなさい
太陽にほえろ！　を訳す火星人
デンバーとしつこく記す武芸帖
守銭奴の漫画に初夏が、初夏が、初夏
他我と自我まんが百人一首よむ
保健所にあるべきロック冒険記
イヤミスのこより数える九人制

作話して華厳の瀧のあるまじろ
納豆がなくなるまでの花言葉
語り手がもうすぐかわる渡月橋
訳詩して海綿体がふえてゆく
凸凹の字にふれそめる奴国王
都々逸でいうとリヴァイアサンだった
納屋を焼く完全言語もとめつつ

護摩焚けば誰にとっての散文詩
「本郷の部分改造会」会費
この句とはこの句のことか狩矢（父）
ぴについて考えているロブスター
警官が「流山市のな」と言った
露出したむかしばなしの神の死よ
日本語になりたっているハムメロン

てにをはがぽろぽろとなる蝶の墓
末完の句ニャロメひたすら哭きにけり
たなばたが近づいてくるしまうま語
箱箱箱箱箱箱樺美智子
画中画のドイツ少年あし細き
馬肉からシニフィエさぐる養成所
頬骨をずらし実験小説家

ジャズ祭り表意表音たちならぶ
談林にテクスト論の波うてば
詩語尽きてバックヤードを透過する
言表が栄螺パンチとくいちがい
文脈をはずれていった真田勢
古池やるさんちまんの池が澄む
詩ではない詩ではない詩を油蟬

藤村と言いあらわせぬことを言う

zの音に糞ころがしの生きかわり

主語を訊くものだけいりびたる蕎麦屋

妊婦らの特攻服に縫う造語

焼鳥とこの世を訳す異人館

炎昼に「ごとく」をこばむヒゲダンス

発句集聖なるズーを組みいれて

たくさんのゴムをもちいた愁嘆場
語り手が宇宙書店に操られ
文体がまったくおなじさかまつげ
ビニールの鯛に文体模写をする
高い塔詩人夫妻の耄りあい
鬱屈の詩人とかえておくペンキ
言語野に壁たちにけり花煙草

ホベルトが反小説に夕焼ける
闇鍋に「アンネの墨」のもわもわと
漢文にチキンラーメン未完なる
がきデカをつかう拷問夕陽さす
圧巻のククレカレーの隠語かな
五十音キャンプに膝の皿割れる
寒い日にゾンビ映画のさらし巻く

コサックの誤字にグレイトフル・デッド
入り口を象がでてゆく新悲劇
ボヨヨンと書く天皇に春の雪
喩をこばめ便所男の便所室
しりとりがひたすらめざす鬼子母神
ダイヤルを戻す落窪物語
城に着く嘶のいまだはじまらず

春の鳥メタフィクションが季語だらけ
戦艦を群盲撫ぜて雪どける
世は暮れるブラヴァツキーの書を読まず
白鳥は不死にあらずや贋サラダ
珍友のパルプ・フィクション鏡文字
あきゃしゃちゃにゃ横浜高のテレパシー
麩菓子屋を円周率とおもい込む

テノールで気体俳句を詠みあげる
鰐鳴くや共産圏の貼り絵して
酸辣湯失い失い失いマリオワールド
ペヤングから俯瞰する自我の未同一性
カリメロの巣に現代詩文庫なしわれらの詩型
本日をもちましてロバチェフスキー空間の終わりです
もろもろのほとけであるのだろう、進化せず猿は

すでにふる里は遠く焼けおち
私は（ドムドム）を括弧する

バロウズたちの猿のすばらしさ、
はためいている人魚国の占領旗。

銅貨曲げむかしばなしがはじまった
栗鼠を飼い殺しするまでアダムの語
ぴぴぴよとモーターショーを写生する

晴れた日へ連想不能なる歌留多
狂ったな言語学者がすりおろす
句の意味をずらしていった春子像
鯖缶を語りつづける主人公
蒸しパンの蒸しパについて言葉狩り
「釘」という大工が死んでゆく噺
大愚問読者にとって気泡とは

美としてのキング・コングのくりかえし
バタイユのいつしゅん燃ゆるかなづかひ
ピジン語の書が燃えてゆく三鬼の忌
手鎖の呪文となえる赤い月
さるまわす東京特許許可局下
ソシュールが言葉の通り陽焼けして
真空のペットボトルをッで埋める

みな死んでトトロの真の名をあかす
豆腐屋の訓読みをする四月尽
亀を焼く鮎川哲也賞作家
パパイヤをかごめかごめのなかに棄て
噺でのユープケッチャをうらがえす
自由律俳人のもつ超ブザー
Is this a pen? を書かれる千社札

猿丸の意味をまったくしらべない
ポリティカル・フィクションとして十牛図
回文に執するヘリオガバルス忌
ライオンズクラブの意味でかにばさみ
みんなして論理の餅をかきあげる
純粋の言語しかないピザ餅屋
誤の意味でシンプソンズに石碑たつ

しりあがり寿の詠む句中の句
分銅をアリス図書館前に置く
差別語の森蘭丸の蘭焼ける
駱駝屋がオンリー・ユーと打ちなおす
句のわかれ四谷階段永遠に
句中句にハロー、アメリカ香山リカ
〈戦争は女の顔をしていない〉

赤　きのうとは関係のない菌糸

じゃぼらかの禦々をさらぶる本歌取り

石碑からタンメンを読む四季・波留子

第十六章　襞

雑誌の襞、埃あるいは霧、空しさは、その場かぎりの襞であって、これは、書物と新しい交通の様式をもつにちがいない。書物とは〈事件〉の襞、存在を形成する統一性、包摂する多様性、確固としたものになった集合なのである。

——G・ドゥルーズ『襞』

脳みずに浮くマゾヒストたちの島
象脳のなかに死にゆく普遍象
重曹と重曹でないものの唄
原子力発電にみる幸田文
群盲と群象であう花火の日
花を貸す将軍職をなげうって
姉の日にオカルチックの襞重ね

超理論いかのおすしを書きなおす
分身者あつまってくる二重県
表徴の金太まさしく冒険し
酢をもって尊しとなす意味の国
未来へとおくる豚吉境涯句
反季語につつまれコモドオオトカゲ
飛行機をしらないひとと薪能

O嬢のラジオにまざる金銀歯
地動説訴え相撲解説者
犬捨ててほんきの宇宙構造図
手相屋とさけぶ納豆定食屋
軍港にしかたなくあるすべりどめ
うどん打つ百目鬼さんの自衛隊
だいこんが意味するものの繭をでる

画中画の三角錐をかんがえる
武家しずみなにもうかんでこない壺
笑点が消えるアングラ理容室
ギャラクシー・クエストにみる劇中歌
稟議書をサラダ饅頭だと思う
キャンペーン・ボーイにせがむ糸切り歯
メスメルの書のひらきかけ刀自の家

胎外にネバーランドの舟ながれ
海底市菩薩虐待動画消す
新星座ならずオーラル・ヒストリー
天丼がいままとまった蠅の王
あらためて九九そらんじる五輪中
亀に亀のせて金融工学者
なんこつと地球パノラマするよい日

暗示者をグラフにするととめどない
代官が憑霊論を書きあげて
豪商がならんでオイルレスリング
逃げ水にくるしむ画家のブドウ糖
それぞれのひとの宇宙に火蛾おちる
甲比丹がX星をみつけだす
土俵へとマグネシウムの売り子たち

カネオクレタノムサンドの翻訳所
英雄のしどけしかないバーガー屋
偽書によりまんじゅうがにを識った夏
たこわさの革命中のナレーション
狂うとき腕に仏陀の腕時計
ミステリをきわめしゃぼてん棄てにゆく
珍化する人類島の芋あらい

眠る象サンドイッチを盗みだせ
えいえんに棒を咥えたこびと河馬
妙義山ゴールキーパー棄てられて
鯰絵のスタンスをとる大人買い
将軍がめざめたときの花政府
ノンタンのいわしディスコが鎖される
方墳にうつくしくないひとがいる

吸盤が青学大に落ちていた
八兵衛の疲労を告げる伝書鳩
廃城ののちにスポンジかたきこと
米借りにゆくとき鷺の第一羽
花に名をつけてばかりの堕落打者
裏垢のやまとの国が消えてゆく
夕焼けて仏陀の国にやきうどん

でぶ専とトルストイとがすれ違う
パクツイにみたことのない撞木鮫
炎える馬讃えてカメラ・オブスキュラ
塩しょってラジオネームの固めうち
もういちど情報学の弁当よ
磯野家のひかりあふれる手術室
楢山に被告ひとりが立っている

夢遊病句会へ買ってゆく鮪
石板に水木しげるの描くエホバ
実物の錯乱坊を読みあげる
国やぶれ原風景に智ノ花
轟がおどろくほどにのどぼとけ
白痴美のしょう油壜よりしょう油洩れ
三重県の毬藻のほかになにもなし

祝詞うけマッハ隼人に春夕焼

火の鳥が狂いはじめる美鉛筆

桔梗屋の打製石器が盗られ春

縄文字が会田誠をしめす春

被験者をマザーグースがつつみこむ

卒塔婆ふりまわす意味でのエリック家

プーさんがおぼえはじめる鏡文字

自傷する日本アパッチ族の裔
ななあいて蘇我馬子の宇宙服
ミザリーの人格かわる梅田駅
金八の鯱をかぞえる影の国
バッティングセンターしめす審神者の子
チョロQがあたって曲がる御真影
たちんぼが狂人日記捨ててゆく

いかりやのビッグフットの点字打つ
腐女子らが一升壜を切る手刀
エーテルのなか立ちつくす売血者
山田家とばねがつながるウィキペディア
厨からサイコドラマの月のぼる
ヨブを載せわずかにきしむ手術台
老人のきらきら星にふる男神

まれびととサーチライトを語りあう
祭壇にかまってちゃんのころす蟻
幣をもつ非行少年らの尾行
浣腸のどこまで白いメリーさん
パチモンのドカベンを貼る兄の壁
隕鉄をバカ田大学院にみる
伴走のうしろの牛がいなくなる

ポンキッキぶくろのなかのポンキッキ
鳥人が博物館のやねおそれ
猿酒を撮らずに墜ちる双発機
うつくしく☆ばかりあつまる豚の星
酢を材に七コマまんがかき尽くす
サイキックTV内に生きかわる
老人と同時にさけぶちりぬるを

矮星を鈴木自動車店で観る
さつまあげ工場を書くチャンドラー
それが紙フランクフルト大図鑑
能記成るゆきかうひとが皆きれい
悪としてチルチルミチルたまごやく
黙阿弥のエントロピーをへらす納屋
終劇にたたみのようなものもらう

菜の花の沖からムーンウォーカー

第十七章　森の生活

この地球の《創造主》は一枚の葉の特許権を所有しているのだ。

――H・D・ソロー『森の生活』

帆船の図書室に「ねじ式」を閉じ
溜池のまわりをまわるフランソワ
棒ずしを売ってとなりの宇宙人
覆面の巫女あらわれる手紙展
亀石をフェルディナントがはこぶのみ
ＳＦの川柳をよむ団地妻
廃校のあとからつづくみみず腫れ

アシモフの五月がふえる怪文書
囲碁の書をケンぺーくんがつみあげる
人麻呂が暗号のこす芋ばたけ
盆栽にうつしとられる十字星
ドナドナの換喩にだれがたちどまる
いっぽんの集中線をはりつける
焼きめしをザネリの匙でつつきあう

退化して白菜を煮るチューリッヒ
檻をでてはいる現代映画館
或る初夏にバニーボーイをおくりだす
観音の不在証明するラジオ
黒点をかぞえ黄門団がゆく
海百合がゆらぎつづける微分都市
逐語してフランス書院での琥珀

ぱっとみて他人の星に蟻の塔
ただ単に舞鶴港のピアニスト
身ぶりして唯野教授の殺鼠剤
「コロ助と深層水」と泣きさけぶ
アメリカの仏壇店がらせん描く
美学史にこの世ひとつのトルコ風呂
小都市の午後に天使の巣あなほり

まんじゅうをつくらなかった大魔境
譫妄のホビー漫画に初夏来たる
猿人がスピルバーグの鼻血ふき
ホームズが国旗弁当ひたかくす
キャンベルの缶に悲報をたたきつつ
赤瀬川司令官とのさしちがえ
無の日にて手妻小説よみ終わる

地に平和みんなラジオになりやがれ
酸性雨やんで天才てれびくん
清盛の前頭葉に無垢の牛
義経がまぐわうときのウラニウム
高崎のよってたかって牛車焼く
チャンピオン鷹の納骨するはやさ
パンクスが馬糞かぞえているあした

圓楽とそのほかがある宇宙の図
スリッパのきもちがわるい句を書いて
しめさばの箱にたまってゆく楽譜
砂糖屋と普遍論争したあとで
脳病みつフルタのおかしならべつつ
こぶ平のハンバーガーの丘を越え
シュワルツェネッガー眠る合唱部

くちづけて海外版に章魚みちる
吸盤の意味をまいとし考える
たて笛を自由連想するムック
猿山をかたりつづける巫女喫茶
ドラクエに変化してゆく螺子ひろい
ハタ坊の壕にあつまる発明家
ノンタンの暗い時代のたけくらべ

寿がきやを外人墓地のほうへ出る

飴の名がひらめいてゆくすもうとり

美神の死バールのようなものを抱き

手芸家が天文台をふと建てる

焼けあとにサトウの餅と知って貼る

保護区からめんまさしだす灰魔術

桃太郎侍の盗る電子の書

ポコニャンの群れ呼吸する五月闇

アマゾネス乳牛社から偽はがき

悪役をきめるダンボの耳そいで

いと重きラヴクラフトのなつぶとん

釘付けて紇の森の生活者

バカボンとバカボンの子の禁泳部

センス・オブ・ワンダーを解く裏飯屋

コロ助の機械語訛る魚市場
色界にミス・サイゴンのちからこぶ
時を超え鰭田鰓美がやって来る
魔太郎がいちねんかんに喰べる章魚
とり・みきのバッヂかがやく誕生日
探偵が探偵団をおとす穴
豚まんの透視図を描く宍戸留美

宇宙船ダブルバインド号難破
敵国の吉牛を撮る飛行船
ミロンガにむすめふさほせ待ちつづけ
飴凍り不思議惑星から帰る
マシリトの論理階梯のぼりつつ
SFの亜細亜のうえに象凍る
ぬいぐるみ役者が浮かぶカリブ海

濠趾をザムザ芸者が通り過ぎ
雪を待つ官能粘土小説家
狩野派の葬送映画みず帰る
猿島にカリオストロの蜜柑投げ
α波を紺野美沙子と乱しつつ
とうがらし連盟のもつ悪いもの
無を容れたラジオドラマを愛しつつ

金槌を子どもにわたすウェイトレス
隊員がイヴの総てを録り終える
ジャズメンがどくだみ荘を出ると雪
しいたけをしらべる前のゾッキ本
皇帝のうんちをはこぶ山の音
ポケバイの男女がめざす冬の虹
オバQの中指が立つ注連の内

皇后のそっくりさんへサイリウム
漂流記盗作されて春の朝
異常者の下駄展示され春寒し
ヨブついに刺身を喰わず寒い春
愛獣に土瓶あたえるギャグマンガ
うつくしい詩ばかりの靴屋に眠る
脳トレの作者らの無意識あらわ

ちょんまげが左へ右へ大迷路
脱会す牛を存在させる会
午後にする勇気情報量多し
愚民らのタケコプターのように減る
素粒子をみそしるに入れなにもせず
幸福の超科学化をした葱屋
帰宅部の壁村と行くでうす展

餅の名の秋田犬からもらう詩語
章魚飯屋戦時双六持ち寄りて
敦盛に換えるポジティヴ・シンキング
パブロフの犬の借景として富士
方舟の念写が終わるエイズデー
三柱とかぞえる何も彼もいやだ
魔術師がみずから消えるうるう秒

川柳をやめるギラギラ日本刀

あとがき

長いながい川柳のつらなりが、やっと終わろうとしている。作者と共に読み進めてくださった皆さんには、心より感謝申し上げる。些かの疲労が残ったのではないかと、何の衒いでもなく思う。これから本文をお読みになる皆さんには、やはり些かの疲労と、なにかしらの充足感を得られるであろうことを、ここに確約しておく。嘘は言わない。

この書に収められた句、二〇二五句すべてに嘘はない。嘘の定義をしだすとややこしくなるのでしないが、ともあれ「完全に不可能なことは言っていない」とだけは保証する。

それはこの句集が「定型」の句集であるからかもしれない。

以前（『リバー・ワールド』あとがき）に於いて、僕は川柳の三要素を「喪失」「過剰」「定型」であると定義づけた。この定義がどこまで有効であるかはともかくとして、本書『ザ・ブック・オブ・ザ・リバー』（長くて覚えにくいタイトルと言われる。ザブザリと呼んでやってください）は、「定型」の句集である。どんなに破調や自由律が散見されたとしても、すべてのベクトルは定型のために向けられている。繰り返すが嘘ではない。

「リバー」三部作はひとまず終わる。川は河口から海に放たれるが、僕の（水量だけは多い）川はどこに流れ込むのか。この句集を編むあいだ、ずっと人と人の「縁」について考えさせられていた。「縁・縁起」の英訳が desire for communication だとどこかで読んだ記憶がある。結局は人に触れること、人と関係すること、これから僕の川柳の活動はその「関係」の海にわけ入っていくだろう予感はしているところだ。

本句集を編むにあたって、柳本々々さん・柳本々々事務局さんに多大なるご協力をいただいた。事情によりもともとさんにすべての句の選をいただくことは叶わなかったが、「これは素晴らしい句だ」と思われたらもともとさんのおかげ、「こんな句を入れるのかよ、ちっ」と感じられたら川合の責である。謹んで感謝したい。

書肆侃侃房の藤枝大さんには、この無茶な企画に全面的なご賛同とご協力をいただいた。前作『リバー・ワールド』の句数を倍増させた僕のわがまま、受け止めてくださってありがとうございます。ブックデザインを担当していただいたコバヤシタケシさんには、格好いい、そして的確なデザインをありがとうございます。

そして妻、千春へ。外は雨の夜だ。今、あなたから「貧血なのー　たすけてー」とＬＩＮＥがあった。必ず帰る、あなたのもとへいつだって必ず帰るから、少しだけ待っていてね。愛している。

関わってくださったすべての人に祝福を。

すべての人に祝福を。神が死んで、「定型」という日本語が滅びても、あなたの魂にとっていつも今がいちばん幸せな時でありますように。本書がそのささやかな手助けになればと願っている。スパゲッティの乾麺が余ったら送ってね。またどこかでお会いしましょう。

二〇二五年三月　ジョージ・フォアマンの訃報を聞きつつ

川合大祐

出典

「モルグ街の殺人」（エドガー・アラン・ポー、巽孝之訳『モルグ街の殺人・黄金虫　ポー短編集Ⅱ　ミステリ編』より、新潮文庫、２００９年）
「父が消えた」（尾辻克彦『父が消えた』より、河出文庫、２００５年）
『森の生活』（ヘンリー・D・ソロー、佐渡谷重信訳『森の生活―ウォールデン―』、講談社学術文庫、１９９１年）
『失踪日記』（吾妻ひでお『失踪日記』、イースト・プレス、２００５年）
『言葉と物』（ミシェル・フーコー、渡辺一民・佐々木明訳『言葉と物――人文科学の考古学』、新潮社、１９７４年）
『われ逝くもののごとく』（森敦『われ逝くもののごとく』、講談社文芸文庫、１９９１年）
『非現実の王国で』（小出由紀子『ヘンリー・ダーガー　非現実を生きる』より、平凡社、２０１３年）
『重力と恩寵』（シモーヌ・ヴェイユ、田辺保訳『重力と恩寵』、ちくま学芸文庫、１９９５年）
『櫻の園』（吉田秋生『櫻の園』、白泉社、１９８６年）

『時間』（吉田健一『時間』、講談社文芸文庫、１９９８年）

『S,M,L,XL』（レム・コールハース、太田佳代子・渡辺佐智江訳『S,M,L,XL +』、ちくま学芸文庫、２０１５年）

『天井桟敷の人々』（マルセル・カルネ監督、ジャック・プレヴェール脚本『天井桟敷の人々』、１９４５年）

『燃える世界』（J・G・バラード、中村保男訳『燃える世界』、創元推理文庫、１９７０年）

「バベルの図書館」（ホルヘ・ルイス・ボルヘス、鼓直訳『伝奇集』より、岩波文庫、１９９３年）

『ディコンストラクション』（ジョナサン・カラー、富山太佳夫・折島正司訳『ディコンストラクションII』、岩波現代選書、１９８５年）

『襞』（ジル・ドゥルーズ、宇野邦一訳『襞——ライプニッツとバロック』、河出書房新社、１９９８年）

*

『ザ・ブック・オブ・ザ・リバー』（イアン・ワトスン　The Book of the River　1984, 細美遥子訳『川の書』、創元SF文庫、１９９４年）

■著者略歴

川合大祐（かわい・だいすけ）

川柳作家。1974年長野県生まれ。

「川柳の仲間　旬」同人を経て、「川柳スパイラル」同人。

ブログ「川柳スープレックス」共同執筆者。

著書『川柳句集　スロー・リバー』（あざみエージェント、2016年）、『リバー・ワールド』（書肆侃侃房、2021年）。

共著『はじめまして現代川柳』（書肆侃侃房、2020年）。

Twitter：@K16mon
Mail:16mon.k.dai@gmail.com

川柳句集　ザ・ブック・オブ・ザ・リバー

二〇二五年五月七日　第一刷発行

著　者　川合大祐
発行者　池田雪
発行所　株式会社　書肆侃侃房（しょしかんかんぼう）
〒八一〇－〇〇四一
福岡市中央区大名二－八－十八－五〇一
TEL：〇九二－七三五－二八〇二
FAX：〇九二－七三五－二七九二
http://www.kankanbou.com info@kankanbou.com

編　集　藤枝大
装　幀　コバヤシタケシ
DTP　黒木留実
印刷・製本　モリモト印刷株式会社

ISBN978-4-86385-671-4　C0092